KB020193

정치가
우리를
구원할 수 있을까

시민을 위한 정치 이야기

정치가
우리를
구원할 수 있을까

시민을 위한 정치 이야기

박상훈

 이음

차례

믿음의 사람들에게도 정치에 대한 소명은 있다

정치, 불완전한 인간이 추구하는 가능성의 예술

민주주의, 정치를 선용하는 체제

정치가, 그 슬픈 영웅을 위한 변명

믿음의 사람들에게도
정치에 대한 소명은 있다

신을 믿고 구원의 의미를 중시하는
관점을 견지하면서도 인간의 정치가 갖는
적극적 가치를 옹호하려 한다면, 과연
그것은 어떻게 가능할까?

1 정치가 우리를 구원할 수 있을까

(1) 오래되지 않은 어느 날이었다. 기독인을 대상으로 '정치가 우리를 구원할 수 있을까'라는 제목의 강의를 하게 되었다고 하니까, 필자가 아는 독실한 신자 한 분이 걱정스러운 표정을 하며 이렇게 말했다.

> 당신은 정치학자이니 정치의 중요성을 강조하고 또 정치에 참여할 것을 권장하겠지만, 구원받는 삶을 추구하는 우리 기독인의 입장에서는 정치란 오히려 멀리해야 할 일이 아닌가 싶다. 정치는 탐욕스러운 인간들의 관심사이자 썩고 더러운 곳이다. 그런 정치가 구원의 삶과 무슨 관계가 있겠는가?

경건한 신자라면 누구든 가질 수 있는, 충분히 이해할 만한 '합리적 의심'이라는 생각을 했다. 정치적 삶과 구원받는 삶이 직접적인 함수관계를 갖는 것도 아니라는 반론 또한 당연히 경청해야 할 일일 것이다.

(2) 그러나 그렇다고 해서 기독인이기에 정치를 멀리하고 무관심해야 한다고 한다면, 그 말엔 동의할 수 없다. 이웃한 동료 시민에 대한 사랑을 실천해야 할 기독인이라면 더더욱 '좋은 정치에

아베 피에르(Abbé Pierre, 1912~2007)
유복한 집에서 태어났지만 세속적 미래를
버리고 사제의 길을 걸었다. 살아 있는
동안에는 '빈민의 아버지'로 불렸고
사후에는 성자로 평가받았다. 빈민 공동체를
창설하고 늘 가난한 이들의 편에 선 삶을
살았기 때문이다. 그는 "정치란 누구에게서
돈을 얻어 누구에게 분배하느냐의 문제"
라고 정의하면서, "사람들은 나더러
좌파라고 합니다. 그 말을 들으면 웃음이
나옵니다. 나는 좌파니 우파니 하는 것은
모르거든요. 다만 현실을 있는 그대로 보여
주고 가장 중요한 게 무엇인지 이해하려 할
뿐입니다."라고 말했다. 그러면서 "교회를
짓는 것보다 가난한 이들의 집을 먼저 지어
주어야"함을 늘 강조했다. 말년에 그는
프랑스인들이 가장 좋아하는 인물 중
한 사람이 되었다.

대한 관심과 실천'은 회피할 수 없는 소명이라고 생각한다. 이제부터
필자가 이렇게 생각하는 이유를 이야기해 나갈 텐데, 그 전에 아베
피에르 신부*가 자신의 책 『이웃의 가난은 나의 수치입니다』(김주경
옮김, 2004, 우물이있는집)에서 한 말을 인용하는 것으로 시작하고
싶다. 그는 썩어빠진 인간의 정치를 비난하며 투표할 필요가 없다는
사람들을 향해 이렇게 말했다.

정치가 우리를 구원할 수 있을까

오늘날 투표할 권리를 행사하지 않는 자들은 그 권리를 위해 싸울 필요가 없었던 자들이다. 그들은 처음부터 이 권리에 매우 익숙해서, 그것을 별로 가치 있는 것으로 여기지 않는다. 무언가 중요성을 깨달으려면 그것을 빼앗겨 봐야 한다. '정치판에 있는 모든 사람들은 죄다 더럽기 때문에 난 차라리 투표하지 않겠다.'라는 말을 들으면 나는 화가 난다. 그것은 참을 수 없는 일이다. 그런 사람은 공익의 수호를 말할 권리가 없다. 왜냐하면 그것[공익을 수호하는 것]은 정치에 속하는 일이니까. 그런 사람은 비열한 사람이다. (『이웃의 가난은 나의 수치입니다』, 293쪽)

(3) '정치가 우리를 구원할 수 있을까'라는 제목으로 처음 강의를 한 것은 2014년 봄이었다. '광주트라우마센터'에서 주최한 인문학 강좌에서 정치에 대한 강의를 부탁 받았는데, 당시 필자는 '인간으로서, 목적이 있는 좋은 삶'을 사는 데 있어서 정치가 얼마나 큰 영향을 미치는지를 강조하고 싶어서 이 제목을 정했다. 당연히 종교적인 구원의 문제를 정치와의 관계 속에서 다루려는 생각은 아니었다. 실제로 강의 내용도 그렇지 않았다. 아무튼 정치가 좋은 삶을 사는 문제와 얼마나 깊은 관련이 있는가에 대한 강의는 잘 마쳤는데, 그때 수강자 한 분이 다가와 인사를 건넸다. 그는 종교적 구원의 문제로서 정치에 대해 말하는가 싶어 이 강의에 관심을 갖고 수강하게 되었다고 말했다. 그러면서 자신을 작은 교회에서 목회를 하는 목사라고 소개했다. 가슴이 철렁했다. 구원이라고 하니 종교와

관련된 주제로 기대했구나 하는 생각에, 뭔가 잘못을 저지른 것 같은 미안한 마음이 들었다.

   (4)   그 뒤 부산과 울산의 가톨릭정의평화위원회와 부산가톨릭대학교 신학대학에서도 정치에 대한 강의를 했다. 한국기독교회협의회(KNCC) 선교훈련원과 서울청파교회에서 있었던 목회자들의 공부모임에서도 같은 주제로 강의를 했다. 그때는 '정치의 발견' 혹은 '민주주의의 재발견'같이 세속적으로 제목을 정했고, 강의 내용에서도 종교적인 느낌을 주지 않으려고 노력했다. 그저 보통의 정치학자가 하는 정치론 내지 민주주의론 강의처럼 보이려고 노력했다. 그렇지만 그러면서도 뭔가 마치지 못한 숙제처럼 '정치가 우리를 구원할 수 있을까'라는 제목이 머리를 떠나지 않았다. 구원받는 삶을 살고자 하는 사람들에게 정치는 어떤 의미가 있고 또 있을 수 있을까?

   (5)   2015년 10월, 필자가 학교장으로 있는 '사단법인 정치발전소'에서 기독인을 대상으로 정치의 중요성을 강조하는 강의를 해 보자는 의견이 나왔을 때, 피할 수만 있다면 피하고 싶은 난제를 만난 느낌이 들었다. 취지는 좋다 해도, 필자가 감당할 수 있는 일 같지 않았다. 그래서 청년기독교복음주의운동을 주도하고 있는 '청어람아카데미'의 양희송 대표와 함께 강의하면 좋겠다는 생각을 했다. '정치가 우리를 구원할 수 있을까'라는 제목을 공유하면서도, 양희송 대표가 기독교의 관점에서 정치의 문제를 다뤄 주면 필자는 일반적인 정치학자로서 강의를 하면 될 것 같았다. 그런데 강의 자료를 준비하면서 나를

괴롭힌 것은 '그놈에' 구원이라는 단어였다. 그냥 민주정치가 인간에게
왜 중요한가라는 내용만 말하면 될 것 같았는데, '그것이 구원과 무슨
관련이 있지?' 하는 누군가의 잠재적 질문 앞에 늘 속수무책이 되는
느낌 때문이었다.

(6)　　나와 기독교 사이의 관계를 생각해 보았다. 오래전,
그러니까 1980년 중학교 졸업 후 추첨으로 배정받은 고등학교가
우연히 미션스쿨이었고, 싫든 좋든 매주 한 번은 채플 수업을 듣고
예배에도 참석해야 했다. 대학 2학년 때부터 교제해 결혼한 필자의
처는 매우 독실한 기독교 집안에서 자랐고, 그러다 보니 주일이면
같이 교회에 가야 하는 압박을 피하기가 어려웠다. 그렇게 생각하니
거의 35년 이상을 기독교적 환경에서 살아온 셈이 되는데, 그간에는
한 번도 기독교와의 관계 속에서 나의 존재를 생각해 보지 않았다는
것이 오히려 신기한 일이다. 아무튼 이런저런 이유에서 이번 기회에
기독교와 구원의 문제를 필자가 전공한 정치학과의 관계 속에서
생각해 보고 싶은 마음이 들었다. 그것을 강의의 형식으로 말해
본다면 어떻게 될까 하는, 미지의 경험에 대한 긴장감 같은 것도
느껴졌다. 종교적 믿음이 약하고 구원에 대한 확신은 없지만, 그간
나 스스로 교회 안팎의 경험을 통해 판단해 보았던 것들에 대해 말해
보면 어떻게 될까를 혼자 상상해 보기도 했다.

(7)　　현장 강의는 2015년 12월에 있었다. 그때의 강의에서도
그랬지만 강의를 마치고 나서도 주변의 기독인들로부터 유익한 질문과

반응을 많이 접했다. 정치의 중요성 혹은 정치를 좋게 만드는 일의 중요성을 인식하고 공유하는 것에 대한 관심과 열의는 크고 분명했다. 기독인과 정치학자가 대화할 수 있는 공통의 영역이 꽤 넓다는 사실을 알게 된 것은 분명 보람 있는 일이었다. 강의와 강의 이후의 많은 대화를 통해 '기독인에게도 민주정치에 대한 소명이 있다'는 것을 우리 모두는 스스럼없이 말할 수 있었기 때문이다. 이 글은 그 작은 결과물이라고 할 수 있다.

(8) 이상으로 기독인들에게 정치 이야기를 하려고 하는 나 자신의 불안한 처지에 대해 간략한 설명을 했는데, 고매한 종교적 고민을 거친 사람의 글이 아닌 점에 대해서는 독자 여러분의 깊은 이해를 바란다. '신학자의 민주정치론'도 필요하고, '정치학자의 기독교론'도 필요하겠지만, 그 어느 쪽도 나로서는 감당할 수 없는 일이다. 다만 신학과 민주주의론 사이에 중첩될 수 있는 영역이랄까, 아니면 기독교적인 믿음과 충돌하지 않는 범위 안에서 우리가 말할 수 있는 민주정치론을 최대한 개척해 본다면 그 내용은 무엇이 될까를 모색하는 자세로 임해 보고자 한다. 그런 점에서 이 글은 논쟁적인 내용이기보다는 어떤 공통적인 것 혹은 기초적인 것을 다룬다고 할 수 있다.

2   불완전한 인간의 정치

(1)   우리에게 구원(救援, salvation)이란 무엇일까? 이 문제를 둘러싼 기독교 안에서의 여러 논의를 살펴보게 된 것은, 기독인을 청중으로 한 민주정치론 강의를 요청받았던 2015년 10월 이후의 몇 주 동안이었다. 그런데 같은 신(하나님 혹은 하느님)을 믿고 같은 성경을 읽는 사람들 사이에서 구원에 대한 해석이 많이 다른 것을 보면서, 신의 계획 내지 신의 의지에 대한 우리 인간의 판단이 얼마나 불완전한가를 생각해 보았다. 시카고에서 빈민운동을 하면서 흑인교회 (시카고 트리니티 유나이티드 교회)를 찾아가 기독인이 된 오바마(Barack Hussein Obama II, 1961~)는 "우리가 신을 사랑하면 할수록 인간이 가진 판단이 얼마나 불완전한가를 더 깊이 생각하게 된다."라고 말한 적이 있는데, 정말 멋진 말이라고 생각한다. 구원에 대한 누군가의 과도한 확신이야말로 오히려 절제되어야 할 일이 아닌가 싶기도 하다. 다양한 해석이 있는 것은 어쩌면 자연스러운 일일지 모르며, 다만 우리는 인간 존재의 불완전함을 자각한 기초 위에서 최선을 다해 살아야 할 의무를 안게 되었다고 생각하는 편이 더 좋지 않을까 한다.

(2)   구원은 신의 의지가 작용하는 영역으로, 불완전한 인간이 이에 대해 논하는 것은 어쩌면 건방진 일일지 모르겠다. 지배와 강제를 포함한 권력 현상을 회피할 수 없는 '인간의 정치'를 말하며, 정치가 구원의 길이라고 한다면 필시 세상을 기만하는 일이 될 것이다. (19세기 말에서 20세기 초까지 독일을 대표하는 종교사회학자이자 어머니를

통해 칼뱅주의의 영향을 깊이 받았던) 막스 베버*가 강조했듯, 분명 인간 개개인의 영혼을 구원하는 문제는 정치의 방법으로 성취될 수 없다. 다만 인간의 정치 역시 신의 선물이자 좀 더 나은 정치를 실천하려는 노력 또한 신으로부터 부여받은 소명이라고 한다면, '우리에게 정치란 무엇이고 또 무엇일 수 있을까' 하는 질문은 충분히 따져질 수 있는 일이라고 생각한다.

(3)　나 스스로 기독인이라고 말할 수 있을까? 주저하지 않을 수 없다. 세례도 받고 부정기적이나마 교회에 나가지만, 사실 어떤 신념을 가진 자발적 행위라고는 차마 말하지 못할 것 같다. 다만 누구든 자신의 영혼을 돌보는 일이 필요하다고 생각하며, 도덕적으로 많은 문제를 안고 있는 우리 내면의 참혹함을 알고 있는 절대자 앞에서 부끄러워해야 한다고 보기에, 종교의 역할을 긍정한다. 또한 인간이란 다른 피조물과는 달리 삶의 궁극적 기원에 대해 탐구하는 존재이기에 구원받고자 노력하는 삶을 아름답다고 여긴다. 그렇지만 가끔 사제나 목회자의 설교 가운데 민주정치의 가치를 위협하는 내용을 만날 때마다, 혹은 우리가 직면한 현실을 개선하려는 정치적 노력을 폄하하는 대신 오로지 교회에 헌신하고 순종하기만을 강박할 때마다, 그게 신의 뜻에 합당한 일일까를 회의해 보곤 한다.

(4)　신 앞에 평등한 개인으로서 우리 모두는 착하게 살고 또 그렇게 아이들을 가르치면서 이타적인 삶이 좀 더 인생을 풍부하게 사는 길이라고 말해야 할 것이다. 한마디로 말해 구원받을 만한 삶,

막스 베버 (Max Weber, 1864~1920)
정치가 내지 정치학자라면 누구나 읽어
보았다고 말하는『소명으로서의 정치』
의 저자이다. 그는 정치를 하는 일이,
강제와 폭력이라고 하는 악마의 무기를
손에 쥐는 일을 피할 수 없게 만든다는
사실을 강조했다. 그렇기에 정치라는
인간 활동은 매우 특별한 윤리성을
갖는다며, 이를 '신념 윤리'와 '책임
윤리'라는 개념을 통해 설명했다.
나아가 본질적으로는 악일 수밖에 없는
폭력과 강제를 행사했음에도 불구하고
어느 종교에서든 정치가와 군인을
구원하는 특별한 장치를 갖고 있음을
밝혔다. 그렇기에 정치를 하려는
사람은, 자신의 영혼을 위태롭게
만들 수도 있는 공적 과업을 하는
일에 두려움을 가져서는 안 되며,
어떤 경우에도 남의 탓을 하지 말고
스스로의 의지로 책임 있는 변화를
만들어 가야 한다고 그는 강조했다.

막스 베버의『소명으로서의 정치』

도덕적인 삶을 살고자 노력해야 할 것이다. 개인 윤리의 차원에서는 분명 그러해야 한다고 생각한다. 하지만 '서로 다른 개인들과 그들 사이의 수많은 집단적 갈등 속에서 공적 질서를 형성하고 관리해야 하는 정치의 윤리성'은 그와 다른 차원을 갖는다. 단순히 개개인의 선한 삶을 말하는 것으로 충분하다면 사실 정치라고 하는 '아주 특별한 인간 활동'은 근본적으로 필요 없을지 모른다.

(5)　　오래전 마키아벨리가 말했듯이 인간이란 부모의 죽음은 잊고 살아도 자기 돈 떼먹은 사람은 절대 못 잊는 존재다. 천국을 확신한다고 말하는 사람도 기꺼이 죽고자 하지는 않는다. 인간의 역사에서 자신의 재산을 끝까지 움켜쥐는 사람보다, 자신의 가족이 아닌 이웃과 사회에 헌신하고 현세를 떠나는 사람이 많았던 적은 없다. 인간이 악하기만 한 존재는 분명 아니지만 그렇다고 착하기만 한 존재도 아니라는 것, 실존하는 악을 부정하는 것이 오히려 악과 제대로 대면하는 것을 회피하게 하고 결국 악이 승리하게 만들 수도 있다. 괴롭지만 인간이 감당할 수밖에 없는 이러한 제약 속에서도 어떻게 하면 선한 의지가 더 많이 발현될 수 있는 공동체적 조건을 만들어 갈 수 있을까를 생각해야 한다는 것, 어쩌면 우리의 정치적 고민은 바로 이 지점에 있지 않나 싶다. 나아가 이런 정치적 고뇌를 통해 우리 스스로의 실존적 결단과 또 그것을 넘어서는 초월적 삶에 대한 더 깊은 이해가 가능할 수도 있다고 본다.

(6)　　인간의 정치와 신의 계획이 완전히 분리된 것이 아닐 수

있다. 하지만 그걸 인정한다 해도 여전히 의문은 남을 거라고 본다.

> 정치의 기능과 역할을 인정하겠다. 하지만 그래도 그건
> 세속적인 욕구가 강한 사람들이 하는 일 아닌가? 신실한
> 기독인이 정치에 관심을 갖거나 적극적으로 참여하고
> 나아가 정치인이 된다? 글쎄, 이런 생각 자체부터가 뭔가
> 어색해 보인다. 아무래도 기독인으로서의 정치 참여는
> 여전히 잘 어울리지 않는 짝 아닐까?

분명 이런 의문은 사회 현실이나 정치 현실에 무관하게 기도 생활에 열심일 것을 강조해 말하는 교회 안팎의 지배적인 태도와 무관치 않을 것이다.

(7) 과거 우리나라가 권위주의 정권의 비민주적 통치하에 있을 때 '정교분리'를 앞세워 현실 참여를 부정하게 여기고 기도에 전념하는 삶을 강요하는 일이 사실상 독재 정권을 지지하는 '지독히 정치적인 행위'였듯이, 정치와 종교의 관계를 단순히 '분리냐 정치화냐'로만 논할 일은 아니라고 생각한다. 인간의 육체와 영혼이 분리될 수 없고 다만 다른 원리로 이루어져 있음을 이해하는 것이 중요하듯 말이다. 그렇기에 '기독인임에도 불구하고, 정치에 관심을 갖는다.'는 논리도 아니고, '기독인이라서, 정치에 관심을 갖는다.'는 논리도 아니라, 마치 건강한 영혼과 건강한 육체의 관계처럼 서로가 잘 구별되면서도 또 잘 결합될 수 있는 다른 길이 있지 않을까를 생각해 본다.

아브라함 카이퍼
(Abraham Kuyper, 1837~1920)
네덜란드 출신 칼뱅주의 신학자로서
저널리스트이자 수상을 지낸 정치가.
레이덴 대학에서 문학·철학·신학을
전공했고, 1863년에 개혁파 교회의
목사가 되었다. 1874년에는 하원 의원으로
선출되었으며, 1880년에는 암스테르담에
자유대학을 세워 신학 교수로 취임하였다.
1901~1905년 사이에는 기독교 보수 내각의
수상을 맡았다. 저서와 강연을 통해
칼뱅주의를 옹호하는 일에도 크게 기여했다.
혁명을 통해 현세에서 이상 사회를
만들 수 있다는 공산주의자들의 태도가 낳은
'신성모독성'을 비판한 것으로 유명하다.
신앙과 학문 그리고 정치적 실천가로서의
삶을 통합한 하나의 모델로 평가받고 있다.

네덜란드 출신 신학자이자 정치가였던 아브라함 카이퍼*의 신념대로,
인간 세상을 혁명적으로 바꿔 이상 사회를 만들 수는 없겠지만
'우리의 소명은 세상 한가운데 있고 바로 여기서 하나님은 영광을
받으셔야 한다.'는 차원에서 현실 참여에 대한 적극적 접근도 충분히
고려할 만한 것인지 모른다. 어떤 이유에서건 피할 수 없는 인간
활동이 '정치'라면 아주 제대로 대면해야 할 일일 것이다.

정치가 우리를 구원할 수 있을까

3   인간의 자유의지와 민주적 자치

(1)   종교의 자유를 위해 아메리카 대륙으로 떠난 청교도들은 신을 기쁘게 할 새로운 정치 질서를 세우고자 했다. 현대 민주주의 이론은 이들에게 빚진 바가 작지 않다. 대표적으로 미국 독립선언서의 초안 작성자이자 미국 최초의 정당인 민주공화당(Democratic-Republican Party)을 만든 '미국 민주주의의 아버지' 토머스 제퍼슨*은 이렇게 말한 바 있다.

> 우리는 다음과 같은 주장을 자명한 진리로 간주한다. 모든
> 사람은 평등하게 창조되었다. 그들은 누구에게도 양도할
> 수 없는 권리를 창조주로부터 부여받았다. 그러한 권리
> 가운데는 생명과 자유와 행복 추구가 있다. 이러한 권리를
> 확고하게 만들기 위해, 정부는 피통치자의 동의로부터
> 자신들의 정당한 권력을 도출하는 사람들로 구성된다.
> 어떤 형태의 정부든 이러한 목적을 해친다면, 다음과 같은
> 일은 민중의 권리가 된다. 그때 민중은 정부를 교체하거나
> 폐지해 새로운 정부를 수립할 수 있고, 이를 통해 자신들의
> 안전과 행복을 가장 잘 실현할 수 있도록 본래의 원리에
> 기초를 두면서도 피통치자의 동의에 맞는 방식으로 정당한
> 권력을 조직할 수 있다.
>
> We hold these truths to be self-evident, that all men are
> created equal, that they are endowed by their Creator with

토머스 제퍼슨(Thomas Jefferson, 1743~1826)
미국의 정치가이자 교육자, 철학자. 1776년 7월 4일 독립선언문의
기초위원이었고, 1800년 제3대 미국 대통령에 당선되어 새로운 수도 워싱턴에서
취임식을 거행한 최초의 대통령이 되었다. 재임 중 소수 의견의 존중 및 종교·
언론·출판 자유의 확립 등에 주력했다. 정계에서 은퇴한 뒤에는 버지니아의
몬티셀로로 돌아가 버지니아 대학교를 설립하고 민주적 교육의 보급에 노력했다.
자연과학과 건축학 등 다방면에 걸쳐 많은 사람들에게 영향을 주어 '몬티셀로의
성인(聖人)'으로 불렸다.

존 트럼불의 〈독립 선언〉 연작 중에서 서명하는 장면

certain unalienable Rights, that among these are Life, Liberty
and the pursuit of Happiness. That to secure these rights,
Governments are instituted among Men, deriving their just
powers from the consent of the governed; that whenever any
Form of Government becomes destructive of these ends,
it is the Rights of the People to alter or to abolish it, and
to institute new Government, laying its foundation on such
principles and organizing its powers in such forms, as to them
shall seem most likely to effect their Safety and Happiness.

250년이 지난 오늘의 현실에서도 한 문장, 한 문장 되새길 만한
명문이 아닐 수 없다. 영어 원문으로도 그 내용을 음미할 만한 충분한
가치가 있어 보여 함께 옮긴다.

(2) 신은 인간 세상에서 자신의 뜻을 스스로 다 실현하기를 원치
않으셨다. 그렇기에 우리가 알아채기는 어렵지만 신비로운 은총을
통해 우리를 이끌면서도 인간의 문제 가운데 대략 절반가량은 우리
스스로 해결할 수 있도록 자유의지를 갖게 했다. 그러한 자유의지에는
신의 뜻과 사물의 원리를 이해할 수 있는 이성 내지 합리적 인식
능력도 있고, 다른 사람의 처지와 슬픔을 공감할 수 있는 감성의
능력도 있으며, 나아가 누군가의 절박한 요구에 응답해야 할 윤리적
책임 의식도 있다. 16세기 종교개혁은 그런 자유의지가 발현된
대표적인 예라고 할 수 있다. 하나의 세계관, 그리고 이에 대한

하나의 권위적 해석만이 용인되었던 중세 가톨릭의 여러 문제에
대해 종교개혁은 기도와 은총을 통해 신과 대화할 수 있는 평등하고
자율적인 개인을 탄생시켰다. 종교개혁 없이 현대 자유주의와
민주주의의 등장을 설명하기는 어렵다. 이러한 변화가 없었더라면
오늘날 우리가 당연한 기본권으로 갖게 된 정치권력으로부터의
자유와 종교 권력으로부터의 자유, 나아가 관용의 가치를 옹호하기는
쉽지 않았을 것이다. 그렇기에 1640년대 중반에 이르면 민주주의의
기본 가치로서 자유와 평등은 일종의 천부인권으로 주장될 수 있었다.
대표적으로 당시에는 수평파(Leveller)로 불렸던 영국의 평등주의
운동가 오버턴(Richard Overton, ?~1664)은 1646년에 이렇게 선언했다.

> 모든 사람은 평등하게 태어났다. … 신은 자연의 손을
> 빌려 이 세상에 우리 모두를 천부적 자유와 품격을 갖고
> 태어나게 했다. … 모든 사람은 갖고 태어난 권리와 특권을
> 평등하게 향유하면서 살 수 있어야 한다. … 그러므로 어느
> 누구도 그로부터 파견되거나 위임받거나 혹은 자유로운
> 동의를 얻지 않고는 그를 대신할 수 없다. 그것은 그의
> 천부적 권리이자 자유에 속하는 일이다.

당시 이들의 운동은 폭력으로 억압되고 사라졌지만, 그들이 남긴
천부인권론과 시민주권론은 현대 민주주의의 중심 원리로 발전했다.
특히나 자신들의 대표가 없이 이뤄진 공적 결정에 대해서는 복종의
의무가 없다는 그들의 주장은 민주적 동의와 자치 이론에 있어서

혁신적 전환을 가져왔다. 실제로도 그들의 주장은 (2세기 뒤인 19세기 중엽 이후 본격적으로 제도화되기 시작한) 현대 민주주의의 기본 원리로 확고하게 자리 잡았다.

(3)　물론 민주주의라고 하는, 인간 스스로의 자치(self-rule)를 통해 이상 사회를 만들 수는 없다는 것을 우리 모두는 잘 알고 있다. 제아무리 좋은 정치의 질서를 만들었다 하더라도 한계가 있을 수밖에 없으며, 그 성과 역시 시간이 지남에 따라 퇴행될 수밖에 없기도 하다. 오죽하면 인간의 별칭이 '실수할 수밖에 없는 존재'(the fallible)이겠는가. 신은 우리에게 다른 피조물이 갖지 못한 위대함과 동시에 스스로의 한계를 인식할 수 있는 능력을 주었고, 이를 통해 신의 계획을 좀 더 깊이 이해할 수 있는 기회를 갖게 했다. 따라서 우리는 신을 기쁘게 하게 위해 좀 더 좋은 사회, 좀 더 나은 인간적 질서를 만들고자 노력하면서도, 제아무리 그렇게 해도 우리가 이룰 수 없는 것이 있다는 자각 속에서 스스로를 돌아봐야 하는 과업을 안게 되었다. 누구도 그렇게 많이 알 수 없고 확고부동한 판단을 얻기 어렵다는 자각, 인간이 아무리 노력해도 이룰 수 없는 것이 있다는 생각, 어느 하나의 주장과 판단이 진리를 독점할 수 없다는 관점으로도 인간의 현실을 들여다볼 수 있어야 하고, 자신이 옳다고 믿고 주장하는 것에 어느 정도 절제가 필요하다고 할 수 있다. 그럴 때에만 다른 피조물들에게 배우려 하고, 이견을 갖는 사람들과 협력할 수 있다. 비록 기대한 만큼 성취하지 못해도 다시 또 노력하고 꾸준히 실천할 수 있다. 함께할 수 있는 사람과 세력의 범위를 넓히고

그들 사이의 신뢰도 높여 나갈 수 있다. 어쩌면 절대자에 대한 인간적 경외는 바로 이런 자각으로부터 시작되는 것인지 모른다.

(4)   혹자는 이렇게 질문할지 모르겠다.

> 설령 신이 인간에게 자유의지를 갖게 해주었다 하더라도
> 인간이 정치를 통해 이룰 수 있는 게 뭐란 말인가?
> 민주주의를 제아무리 잘한다 해도 한계가 있을 수밖에
> 없다는 사실을 방금 당신도 인정하지 않았는가? 이룰 수
> 없는 목표를 추구하며 좌절하는 것이 우리 인간에게
> 고통과 고뇌만 가져다주는 것은 아닐까? 정치도 중요하지만
> 그보다는 교회에 순종하고 헌신하면서 영적으로 평안의
> 삶을 사는 것이 더 낫지 않을까? 현실 속에서의 헛되고
> 헛된 노력이 아니라 현실에 거리를 두고 영원하고 참된
> 진리를 추구하는 삶이 더 가치 있지 않을까?

틀린 이야기는 아니지만, 한 가지 우리가 생각해야 할 것은, 정치란 완벽한 목표를 추구하는 것이 아니며 이상 사회를 만들 수 있다는 헛된 희망을 추구하는 것도 아니라는 사실이다. 인간 사회가 완전하고 이상적일 수 있어서가 아니라 그렇지 못하기에 정치가 필요하고 또 가치가 있다고 말할 수 있다. 정치란 자신의 영혼이 위태로워지는 일을 감수하고서라도 하지 않으면 안 되는 과업을 기꺼이 담대하게 추구하는 일이자, 그러면서도 인간으로서의 한계와 불완전함을

절감해야 하는 슬픈 측면을 갖고 있다. 그런 '도덕적 비애감'(moral pathos)에 대해서는 뒤에서 더 살펴보기로 하고, 이상의 이야기를 정리하고 넘어가자.

(5) 완벽하고 이상적인 결과를 만들어 낼 수 없지만 그럼에도 불구하고 회피할 수 없는 중요한 과업 앞에 서 있다는 자각, 이것이야말로 인간의 정치가 갖는 본질이 아닐 수 없다고 본다. 당연히 정치라는 과업은 위험하고도 힘든 일이 될 수밖에 없는데, 그렇기에 절대자 앞에서 자신을 낮춰 겸손하게 기도하게 되는 것이다. 앞서 언급한 바 있는 아베 피에르 신부는 2차 세계대전 직후 프랑스에서 국회의원직을 수행한 적이 있는데, 그의 다음과 같은 자세에서 배울 점이 있다고 생각한다.

> 예수님, 오늘 밤 나는 조금 피곤합니다. 하지만 슬픔
> 속에서도 나는 행복합니다. 왜냐하면 나의 슬픔이
> 당신에게서 온 것이고, 당신이 그것을 원하셨기 때문입니다.
> (『이웃의 가난은 나의 수치입니다』, 65쪽)

4 민주정치를 위한 참여의 열정

(1) 이탈리아 르네상스를 대표하는 거장의 한 사람인 라파엘로가 그린 〈아테네 학당〉*을 보면 그 중심에 플라톤과

아리스토텔레스가 위치한다. 플라톤은 한 손에 '인간 사회의 본(本)을
이루는 우주의 영혼'을 논한 『티마이오스』라는 책을 들고 다른
손으로는 하늘을 가리키며 걸어 나온다. 반면 아리스토텔레스는

이탈리아 르네상스의 전성기를 대표하는 화가 라파엘로(Sanzio Raffaello,
1483~1520)가 그린 〈아테네 학당〉. 교황 율리우스 2세의 요청에 따라,
플라톤과 아리스토텔레스를 중심으로 피타고라스, 디오게네스, 헤라클레이토스,
프톨레마이오스 등 고대의 지적 영웅들이 한자리에서 회합하는 장면을
연출했다.

정치가 우리를 구원할 수 있을까

시몬 베이유 (Simone Weil, 1909~1943)
프랑스의 철학자. 유대인 집안에서
태어나 파리 고등사범학교를 다녔고
졸업 후 지방의 한 고등학교에서
학생들을 가르쳤다. 그 뒤 노동운동에
깊은 관심을 갖고 공장으로 들어가
노동자의 삶을 체험했고, 에스파냐
내전에도 참여했다. 억압받는 사람들에
대한 사랑을 실천하는 한편, 인간의
근원적 불행을 구제할 목적으로 기독교
신비주의에 몰두했다. 2차 세계대전
중에는 미국으로 망명했다가 레지스탕스
운동에 참가하려고 귀국을 시도하던 중
런던에서 사망했다.

정치적 인간의 실천 윤리를 다룬 그의 책 『니코마코스의 윤리학』을
들고 나오면서 다른 쪽 손바닥으로 땅을 가리키고 있다. 이 작품을 볼
때마다 '인간 삶의 윤리적 목적성'과 동시에 '인간 정치의 현실적
제약'을 균형 있게 이해하는 것이 중요하구나 하는 생각을 한다.

　(2)　프랑스 출신 여성 철학자이자 기독인, 나아가 노동운동가인
시몬 베이유*가 쓴 『중력과 은총』(*La Pesanteur et La Grâce*, 1942)을
보면서도, 제목이 참 좋다는 생각을 한 적이 있다. 인간은 천사가
아니며 천사에게 정치를 맡길 수도 없는 불가피한 현실 속에서, 우리는
인간의 방법으로 최선의 실천을 하고자 해야 할 것이다. 그와 함께

슬픔과 고통을 피할 수 없는 인간 영혼을 돌보는 일은 우리를 늘 깨어 있게 한다. 중력(gravity)이라는 어쩔 수 없는 인간 현실의 법칙대로 살아가면서도, 영원한 것의 가치를 갈구하게 하는 은총(grace)은 그녀 삶을 지탱시켜 준 힘 같았다. 중요한 것은 그런 자각이 결코 인간을 굴종적인 존재로 만들지 않아야 한다는 데 있다. 순종과 헌신이 분명 영혼의 양식 가운데 하나라 할지라도 그것은 처벌에 대한 공포나 보상에 대한 기대가 아니라 우리 스스로의 자율적 결정 내지 동의에 기초해야 하며, 두려움을 통해 회중의 복종을 얻고자 하는 것은 또 다른 영혼의 양식인 자유를 박탈하는 일이 된다는 사실을 그녀보다 더 잘 말한 사람은 없지 않나 싶다. 현실 세계를 지배하는 부자유와 불평등의 원리에 사로잡히지 않고 인간 스스로의 자치를 잘하는 것을 신으로부터 부여받은 소명으로 생각하는 동시에, 이를 통해 신의 계획을 좀 더 깊이 이해하려 애써야 할 것이다. 순종과 헌신에 대한 맹목적이고도 권위주의적 해석은 우리를 자유롭게 하고자 했던 신의 뜻과는 거리가 있는 일이라고 생각하기 때문이다.

(3)　흔히 '열정'으로 번역되는 단어, Passion(독일어로는 Leidenschaft)의 다른 의미가 '인간을 구원하고자 예수가 감당해야 했던 고통과 수난'을 의미한다는 사실을 의미 깊이 생각해 본다. 종교음악의 정점을 이루는 바흐의 작품 〈마태오 수난곡〉(St. Matthew Passion)이나 〈요한 수난곡〉을 접했을 때 음악보다 제목에 들어 있는 Passion이라는 단어가 더 인상적이었던 기억이 있다. 예수는 왜 전지전능의 능력으로 완전한 인간 세상을 만들려 하지 않고 죄지은 인간을 대신해

그 모진 수난을 감수하면서 우리에게 무엇을 말하고자 했을까?
예수의 희생으로 구원의 길은 열렸지만 그 길을 넓히고 단단하게 하는
일은 우리 스스로의 노력과 고뇌, 달라짐을 통해 실천되어야 하지
않을까 한다. 예수의 수난(Passion)을 인간은 좀 더 정의로운 사회를
만들기 위한 열정(passion)으로 답해야 한다고 생각한다.

   (4)   현실의 인간 세상 속에서 최선을 다하고자 하는 노력이
이상적 최선을 만들 수 없고 끊임없는 고뇌를 동반한다 하더라도,
그것이 결코 무가치한 일이 아니라는 생각도 해보게 된다. 분명
인간에게 부여된 자유의지의 다른 얼굴은 슬픔과 고뇌라고 할 수
있다. 그것은 인간 스스로의 불완전함에 대한 자각으로부터 오는
것인지도 모른다. 따라서 우리가 두려워해야 할 것은 고통과 슬픔에
대한 자각이 그 가치를 상실하는 데 있지, 고통과 슬픔 없는 인간
삶에 대한 허망한 약속으로 우리를 미혹하는 데 있는 것 같지는 않다.
그렇기에 러시아를 대표하는 대문호 도스토옙스키(Fyodor Mikhailovich
Dostoevsky, 1821~1881)는 "고뇌를 거치지 않고서 행복을 파악할 수는
없다. 황금이 불에 의해 정제되는 것처럼 이상도 고뇌를 거침으로써
순화되는 것이다. 천상의 왕국 역시 우리의 노력에 의해 얻어지는
것이다."라고 말할 수 있었다.

   (5)   신의 왕국이 가진 완전함을 이유로 우리가 하고 있는
민주정치의 한계를 우습게 말하는 것은 좋지 않다. '예수의 몸 되신
교회라는 나라'에 헌신하는 삶을 앞세워 교회 밖의 민주공화국에 대한

참여를 부정하는 것도 잘못이라고 본다. 일체의 현실 정치 참여를 냉소하고 그로부터 벗어나 내면의 삶과 영혼의 평안에만 몰입하려 함으로써 현실로부터 멀어지는 것도 최선이라고 말하기 어렵다. 더 나은 인간 현실을 위해 민주정치에 참여하는 것이 이상적 최선을 가져오는 것은 아니라 해도, 또 현실의 민주정치 안에서 수많은 심리적 갈등과 고뇌를 경험하게 되더라도, 그 속에서 구원의 의미를 깊이 자각할 기회를 갖는 것은 충분히 가치 있는 일이라고 생각한다.

5   누가 정치를 이끌어야 할까

(1)   사제나 목회자들 가운데 많은 사람들이 설교를 통해 신도들의 정치적 판단과 행동을 이렇게 저렇게 이끌려는 경우가 있다. 신도들 역시 목회자의 정치적 의견을 신의 판단에 가까운 것으로 받아들이며 따르기도 한다. 하지만 이를 바람직한 일이라고 보기는 어렵다는 게 필자의 생각이다.

(2)   기독교를 논리적으로 옹호하는 일에 헌신한 C. S. 루이스*는 교회가 세상을 이끌어야 한다거나, 목회자들이 정치적 프로그램을 제시해 주길 바라는 것은 '어리석은 생각'이라고 말한다.

> 목회자는 '인간은 앞으로 영원히 살 피조물'이라고 볼 때
> 필요한 일들을 돌보기 위해 전체 교회 가운데 따로

C. S. 루이스

(Clive Staples Lewis, 1898~1963)

소설 『나니아 연대기』로 유명한 영국의
소설가로, 케임브리지 대학교에서 철학과
르네상스 문학을 가르쳤다. 부모의
사망을 계기로 무신론자가 되었다가, 30
세에 성공회 신앙을 받아들였다. 성공회,
개신교, 로마 가톨릭교회 등 기독교 교파를
초월해 기독교의 교리를 설명한 기독교
변증론자로도 잘 알려져 있다. 대표작으로는
『순전한 기독교』(*Mere Christianity*)가 있다.

구별되어 특별히 훈련받은 사람들입니다. 그런 그들에게
정치적 프로그램을 제시하라는 것은 전혀 훈련받지
못한 생판 다른 영역의 일을 하라고 요구하는 것이나
다름없습니다. 그런 일은 사실 우리 같은 평신도가 해야
합니다. (C. S. 루이스 지음, 『순전한 기독교』, 이종태·장경철
옮김, 2001, 홍성사, 139쪽)

마치 '노동조합이나 교육 분야에 기독교적 원칙을 적용하는 것은
그리스도인 노동조합원들과 그리스도인 교사들이 해야 할 일'인
것처럼 말이다.

　(3)　정치가들 가운데도 기독교적 교리에 맞는 정치를 앞세우는
사람이 있다. 독실한 복음주의 신도였던 미국의 부시 전 대통령은

신의 뜻이라며 이라크 전쟁을 성전(聖戰)으로 선포했다. 물론 그 뒤에
판명되었지만, "이라크의 대량 살상 무기를 억제하기 위한 전쟁"이라는
그의 주장은 사실이 아니었다. 종교적으로 옳기 때문에 거짓말은
사소한 문제일 뿐이라는 그의 생각이 파괴적인 전쟁을 가져온 것이다.
큰 교회 장로였던 이명박 전 대통령은 권력을 앞세우기보다는 "섬김의
봉사 정신으로" 국정을 이끌겠다는 말로 대통령직을 시작했다.
자신에게 정치란 "하나님의 뜻에 따라 오로지 봉사하며 살아가는
일"일 뿐이라는 말을 앞세워, 자신이 시민에게 책임성을 실천해야 할
최고 권력자라는 사실을 인정하지 않으려 할 때도 많았다. 이 역시
옳은 일은 아니라고 할 수 있다. 신앙심이 깊은 기독인 대통령이라고
할지라도 그가 행사한 공적 권력이 정당했는지에 대해서는 제대로
따져져야 하는 것이 민주주의이기 때문이다.

(4)   독일의 기독교민주당 앙겔라 메르켈* 총리는 다른 면모를
보여 주었다. 그는 우선 이렇게 말한다.

> 저는 기독교적 정치의 실현이 가능하다고 믿는 이들과는
> 다릅니다. 오직 기독교 신앙은 저에게 방향만 제시할
> 뿐입니다. 기독교 신앙은 저에게 삶의 의미를 일깨우며,
> 더 나아가 이를 통하여 희망을 안기고, 저를 격려할
> 따름입니다. 아울러 기독교 신앙을 통하여 저는 인간적
> 한계를 체감하면서 하나님 앞에서 겸손해 집니다. 따라서
> 저는 독일 사회 내에서 개신 교회의 대사회적 영향력이

앙겔라 메르켈(Angela Merkel, 1954~)
1954년 서독 지역인 함부르크에서 태어나,
같은 해 루터주의 목사인 아버지를 따라
동독 브란덴부르크의 템플린으로
이주하였다. 라이프치히 대학교에서
물리학을 전공한 뒤, 물리학 박사로서
1978년부터 1989년까지 동베를린
물리화학연구소에서 일했다. 1989년
베를린장벽이 무너질 때 동독 민주화운동
단체에 가입하면서 정치 활동을 시작한 뒤,
1991년 여성청소년부 장관과 1994년 환경부
장관을 거쳐 2000년에는 기민당 최초의 여성
당수 겸 원내총무가 되었다. 2005년 총선
승리와 더불어 독일 최초의 여성 총리가
되어 2017년 현재 3선 총리를 역임 중이다.

증대하기를 소망합니다. 하나님과 인간 앞에서 우리의
행동하는 양심이 격려받으며, 이를 통하여 우리의 정치적
결단이 의미 있게 되기를 기원합니다. (폴커 레징 지음,
『그리스도인 앙겔라 메르켈』, 조용석 옮김, 2010, 한들출판사,
51쪽)

(5)　정치가 메르켈은 기독교 신앙이 가치와 방향을 말해 주기는
하지만 신앙을 앞세워 정치할 수 없다는 사실을 분명히 말했다.
루터주의 목사였던 아버지를 존경하는 독실한 신자로서 그녀에게
신앙의 힘은 결코 작은 것이 아니었다. 메르켈은 이렇게 말한다.

저는 인간적 한계를 느끼면서 그 안에서 번민하지만,
교회는 저의 막연한 삶의 불안감을 해소해 주며, 제가
희망을 품을 수 있도록 도와준답니다. 한 인간이 죄를
지을 수 있으며, 또한 타인의 죄를 용서해야 한다는 신앙의
진리는 저의 마음을 항상 편안하게 만들어 줍니다. 만일
그럴 수 없었다면 아마 우리는 미쳐 버렸을 거예요.
(『그리스도인 앙겔라 메르켈』, 118쪽)

그렇지만 메르켈은 교회를 통해, 혹은 신앙의 방법으로 정치를 하려
하지는 않았다. 늘 기도했지만, 정치는 역시 정치의 방법대로 해야
하고 나아가 스스로의 노력으로 실천하는 일로 여겼기 때문이다.

제가 정치적인 목표에 도달하기 위하여 기도한다면 그것은
정직하지 못한 일입니다. 오히려 하나님께 항상 하루하루를
열심히 살아갈 수 있도록 능력과 건강을 주실 것을
기도드립니다. 나머지 부분은 제가 채워야겠지요.
(『그리스도인 앙겔라 메르켈』, 121쪽)

(6)   찬송가를 부르는 것을 좋아하고 대부분의 찬송을 악보나
가사집 없이 부를 수 있다는 메르켈은, 신앙을 정치적 목표를 위해
이용하는 것, 그것이야말로 다른 무엇보다 경계할 일임을 깊이 자각한
정치가였다. 부시 전 미국 대통령은 신앙의 힘을 믿고 거짓 주장을
동원해 이라크 전쟁을 정당화하려 했는데, 이에 대해 메르켈은 부시를

향해 이렇게 말했다.

> 기독 정치인은 하나님의 이름을 정치적 의도를 가지고
> 이용해서는 안 됩니다. 예를 들자면, 이라크 전쟁의
> 경우 우리는 이 현상을 목격했습니다. 또한 교회의
> 권위를 이용하는 경우에도 저는 바람직한 것이 아니라고
> 생각합니다. (『그리스도인 앙겔라 메르켈』, 137쪽)

(7)　정치는 목회자가 주도할 수 있는 일이 아니며, 신앙의 원리로 정치를 이끌려 해서도 안 된다는 C. S. 루이스의 생각을 실천하고 있는 그리스도인 정치가를 꼽으라면, 필자는 앙겔라 메르켈이라고 하겠다.

6　신은 민주적 과업을 좋아하신다

(1)　정치적 고뇌 속에서 신의 뜻을 살피려 노력하는 일에 있어서 에이브러햄 링컨(Abraham Lincoln, 1809~1865) 역시 문제를 깊이 있게 말한 사람 가운데 하나다. 암살로 생을 마치기 40일 전에 있었던 대통령 재취임 연설에서 링컨은 신의 뜻을 누구도 독점적으로 주장할 수 없음에도 현실 속에서 최선의 정치적 노력을 다 하는 것이 우리의 소명임을 다음과 같이 말했다.

남부와 북부 양측 모두는 같은 성경을 읽고 같은 신에게
기도하면서 서로 상대방을 응징하는 데 신의 도움이 있기를
간청하고 있다. 남이 흘린 땀으로 빵을 얻는 자들이 감히
정의로운 신의 도움을 청한다는 것은 이상한 일이지만,
그러나 우리가 심판받지 않고자 한다면 상대 또한 심판하지
않도록 해야 할 것이다. 남북 어느 쪽의 기도도 신의 응답을
받을 수 없고, 지금까지 어느 쪽도 신의 충분한 응답을 받지
못했다. 전능한 신은 그 자신의 목적을 갖고 계신다.
'사람을 죄짓게 하는 이 세상은 참으로 불행하여라.
이 세상에 죄악의 유혹은 있게 마련이나 남을 죄짓게 하는
자는 참으로 불행하도다.' 미국의 노예제도가 바로 그 같은
세상의 죄 가운데 하나이고 신의 뜻대로 이 세상에 있게
마련인 죄의 하나라고 한다면, 그러나 신이 정한 시간 동안
지속된 그 죄를 신께서 이제 그만 거두시고자 한다면,
그리고 그 죄를 지은 자들로 인한 재앙을 징벌하고자
신께서 이 끔찍한 남북전쟁을 치르게 하신 것이라면,
우리가 이 전쟁에서 찾을 수 있는 것은, 살아 계신 신을
믿는 자들이 언제나 그분의 것이라고 생각하는 그 신성한
뜻이 아니고 다른 어떤 것이겠는가? 이 거대한 재난적
전쟁이 하루 빨리 끝나기를 간절히 바라고 열심히 기도하자.
그러나 품삯 한 푼 주지 않고 노예의 땀으로 모은 250년의
재산이 모두 다 탕진될 때까지, 3천 년 전의 말씀에서
이르듯 채찍으로 남의 피를 흘리게 한 자가 스스로 칼에

맞아 그 피 한 방울 한 방울을 되갚게 되는 날까지
이 전쟁을 지속하게 하는 것이 신의 뜻이라면, 우리는 그저
'신의 심판은 참되고 옳지 않은 것이 없도다.'라고 말해야 할
것이다. 누구에게도 원한 갖지 말고, 모든 이를 사랑하는
마음으로, 신께서 우리로 하여금 보게 하신 그 정의로움에
대한 굳은 확신을 가지고, 지금 우리에게 맡겨진 일을
끝내기 위해, 또 이 나라의 상처를 꿰매기 위해, 나아가
이 싸움의 부담을 짊어져야 하는 사람과 그의 미망인과
고아가 된 그의 아이를 돌보고 우리들 사이에서만이 아니라
모든 나라들과 함께 정의롭고 영원한 평화를 이루는 데
도움이 될 모든 일을 다하기 위해 노력하자.

(2) 미국의 36대 대통령 린든 존슨(Lyndon Baines Johnson, 1908~1973) 역시 그랬다. 그는 많은 반대를 무릅쓰고 (흑인 시민들이 민주정치에 참여할 수 있도록 그 권리의 실현을 법으로 강제하는) 민권법 (Civil Rights Act)을 통과시켜 줄 것을 요청하는 의회 연설에서 이렇게 말했다.

> 미합중국을 상징하는 문장*을 보면 피라미드 위에 라틴어로
> '신은 늘 우리가 감당하고자 하는 과업을 좋아하셨다'는
> 글귀가 적혀 있다. 우리가 하는 모든 일을 신께서 다
> 좋아하시지는 않을 것이다. 오히려 신의 뜻을 헤아리는
> 것이 우리의 의무일 것이다. 그러나 오늘 밤 우리가

이 자리에서 시작하는 일을 신께서 정말로 이해하시고
정말로 좋아하실 것으로 믿지 않을 수 없다.

한마디로 말해, 더 나은 민주정치를 위해 헌신하고 노력하는 과정에서
신의 뜻과 구원의 의미를 깊이 생각해야 함을 말했다고 본다.

　(3)　기독교는 '노예를 위한 종교', 달리 말해 노예적 삶을 벗어나
자유로운 공동체 속에서의 삶을 살고자 하는 사람들을 위한 종교로
출발했다. 그렇기에 누구나 자유롭고 평등하게 태어났으며 평화롭고
안전하게 살 권리가 있음을 말하는 종교, 혹은 그런 공동체를 만들기
위한 노력을 의무로 갖게 된 종교라고 생각한다. 그래서 필자는 교회
안에서 교인이나 신자를 수동적 존재로 만드는 교리나 해석을

미합중국을 상징하는 문장.
피라미드 위의 라틴어
ANNUIT COEPTIS는
'신은 늘 우리가 감당하고자 하는
과업을 좋아하셨다'(God has favored our
undertaking)를 뜻한다.

이해하지 못한다. 현실로부터 벗어난 염세적 기도 생활에 몰두하는 일, 합리적 문제 제기조차 '교만'으로 질타 받는 일, '어린아이 같은 믿음'을 앞세워 굴종적 자아 부정을 강요하는 것이 신의 뜻이라고는 생각하지 않는다. 가끔 몇몇 목회자나 사제로부터 '성경이 우리에게 가르치는 최선의 정치체제는 군주정'이라는 주장을 들을 때마다 경악하게 된다. 그건 자신들의 절대적 권위를 은근히 바라는 불쌍한 심리를 드러내는 일이거나, 무의식적으로 신과 자신이 동격처럼 보였으면 하는, '사실상의 범죄'에 가까운 일이라고 생각한다.

(4)   민주주의라는 자치의 원리를 인간이 발견하게 된 것을 신의 은총으로 받아들여야 한다고 본다. 민주주의라는 정치 현실로부터 벗어나거나 멀어지려 하기보다 적극적으로 참여하고 인간 삶의 개선자가 되는 것이 합당한 일이라고도 생각한다. 가부장주의의 다른 얼굴인 온정주의(paternalism)가 가난한 시민을 종속적 존재로 보게 하는 권위주의적 접근일 때가 많다는 점도 생각해야 할 것이다. 그보다는 평등한 시민권의 원리에 기초를 두고 빈곤과 불평등 개선을 위해 노력하는 것을 자유 시민의 당연한 의무이자 권리로 여겼으면 한다. 그래야 인간을 정신적으로 건강하면서도 신의 은총을 받을 심원한 존재로 만들 수 있고, 나뿐만 아니라 동료 시민들의 영혼을 보살피는 일을 보람으로 여길 수 있다고 생각한다.

(5)   누군가 굶는 아이가 있다면 내 마음이 궁핍해진다고 생각하는 시민, 아랍계 이민자 가족이 적법한 절차 없이 인권이

침해된다면 그건 나의 인권이 침해당하는 일이라고 여기는 기독인, 병원비가 없어 자신의 집세를 포기해야 하는 사람이 있는 현실을 곧 내 가족의 문제로 생각할 수 있는 인간들이 있는 민주주의를 발전시키는 것이 신의 뜻에도 합당한 일이며, 그런 정치 공동체를 만들고자 애쓰는 현실 속에서 은총과 구원의 계획이 신비로운 방식으로 실현된다고 생각한다.

7 그럼에도 불구하고, 다만 정의를 위해 힘써라

(1) 혹자는 아무리 노력한다 해도 '정치가 바뀔까' 하고 회의적으로 되물을 수 있다. 아마 그럴 수 있을 것이다. 모든 인간의 노력과 실천이 다 성과를 얻고, 다 응답된다고 말할 수 없는 증거는 수도 없이 많다. 역사학자들을 괴롭히는 윤리적 고민 가운데 하나는 인간의 역사에서 정의로운 의도가 실패한 사례가 너무 많고 정의롭지 않은 의도에서 나온 시도들 가운데 정의에 기여한 것들도 아주 많다는 사실에서 기인한다.

(2) 그러나 역사의 시간을 더 길게 본다면, 의도와 상관 없이 정의에 기여한 여러 결과들은 그 이전에 실패했던 수많은 정의로운 시도들이 있었기 때문이라고 말해야 할 것이다. 19세기 초에 활동했던 독일의 철학자 헤겔(Georg Wilhelm Friedrich Hegel, 1770~1831)은 '이성의 간사한 지혜'(Die List der Vernunft; the cunning of reason)라는

개념을 통해 마치 세상사가 이성보다는 반(反)이성에 의해 지배되는 것 같지만 사실 그것은 역사 속에서 합리적 이성이 자기를 실현하는 방법일 뿐이라며 현실 속에서의 이성의 작동이 '간사하다고 할 정도로' 얼마나 신비로운가를 말했는데, 필자의 생각으로는 신의 은총 역시 우리가 알 수 없는 신비로운 방식으로 이루어진다고 믿는다. 그러니 우리의 노력이 아무리 응답되지 못하고 현실에서 보상되지 않는다고 하더라도 우리가 택할 수 있는 자세는 '그럼에도 불구하고(dennoch), 정의를 위해 힘써라!'에 있다고 본다.

(3) 그 혜택이 우리가 아닌 다음 세대를 위한 것으로 실현될 수도 있다. 우리 밖의 시리아 난민들에게 베풀어질 수도 있다. 아무리 노력해도 되는 게 없다고 느끼는 사회적 약자들이 좌절을 넘어설 수 있는 에너지로 나타날 수도 있다. 다만, 은총이 어떻게 작용하고 신의 계획이 어떤 것인지를 우리가 알지 못할 뿐이다. 그러니 '다만, 정의를 위해 힘써라!'야말로 우리 인간이 실천 이성으로 삼을 만한 충분한 윤리적 근거가 있다고 필자는 믿는다.

(4) 2015년 6월 26일, 오바마 대통령은 미국 사우스캐롤라이나 주 찰스턴의 흑인 교회 총기난사 희생자 추도식에서 추모 연설*을 했다. "이번 사건이 교회에서 발생했다는 점에서 우리는 더욱 깊이 상처를 입었다"면서 그는 "교회는 언제나 미국 흑인 사회의 중심이었고, 적대감 가득한 세상에서 우리를 되돌아볼 수 있는 곳이었으며, 고통의 피난처였다."고 말했다. 그러면서 9명에 이르는

오바마 미국 대통령은 2015년 6월 미국 사우스캐롤라이나 주 찰스턴의 흑인 교회 총기난사 희생자 추도식에서 추모 연설을 하는 도중에 찬송가 〈어메이징 그레이스〉(Amazing Grace)를 불렀다. 〈어메이징 그레이스〉는 영국 성공회 사제인 존 뉴턴(John Newton) 신부가 1772년에 작사한 찬송가다. 존 뉴턴은 1725년 가톨릭 신자인 아버지와 독실한 개신교 신자인 어머니에게서 태어났다. 11세 때부터 존 뉴턴은 상선의 선원인 아버지를 따라 도제로 배를 탔으며, 특히 흑인 노예를 수송하는 노예 무역에 종사했다. 그후 선장이 된 그는 배가 폭풍우를 만나 좌초될 위기에 빠진다. 1748년 5월 10일, 그가 22세 때의 일이다. 그때 그는 신에게 진심으로 기도를 드리게 된다. 모친이 독실한 신자였지만, 이전까지는 한 번도 마음에서 우러난 기도를 해본 적이 없었다. 배는 기적적으로 폭풍우를 벗어났으며 그 뒤 그는 열심히 공부해 성공회 사제가 되었다. 이 곡은 흑인 노예 무역에 관여한 것을 깊이 후회하고, 그 죄를 사해 준 신의 은총에 감사하는 마음을 담고 있다.

윌리엄 터너의 〈노예선〉

흑인 목사와 신도의 목숨을 앗아간 자의 행동은 "지배의 수단이었고, 겁을 주고 억압을 하는 방법"으로 "두려움과 보복범죄, 폭력과 의심을 불러일으키고" 나아가 "사회를 더 깊이 분열시켜 이 나라의 원죄 [흑인 노예제―옮긴이]로 돌아가게 하려 한 것"이지만, "오, 그러나 신은 신비로운 방법으로 일하신다. 신은 다른 생각을 가지셨다. 그는 자기가 신에게 쓰임 받고 있다는 것을 몰랐다."라고 선언했다.

(5)　　연설 내내 "편리한 침묵"과 "편견의 불편한 진실을 외면" 하기보다 "더 오래 지속될 변화를 위한 고된 작업을 함께 하기"를 요청하면서, 오바마는 은총에 대해 이렇게 설명했다.

> 살인 용의자는 미움에 눈이 멀어 핑크니 목사와 성경
> 공부 모임을 둘러싼 그 은총을 보지 못했다. … 빛나던
> 그 사랑의 빛을 보지 못했다. 희생자의 가족과 법정에서
> 대면했을 때, 그는 희생자 가족들이 그런 태도를 보일
> 것이라고는 결코 생각하지 못했을 것이다. 말할 수 없는
> 슬픔의 한가운데에서 용서의 언어라니, 상상도 못했을
> 것이다. … 증오에 눈이 먼 그는 핑크니 목사가 깊이
> 이해하고 있던 신의 은총이 갖는 능력을 이해하지 못했다.
> … 신은 우리가 여기서 멈추길 원하지 않으신다. … 타인의
> 아픔과 상실을 깨달을 때에, 우리는 우리가 사랑하는
> 이 나라를 만들어 온 전통과 삶의 방식을 존중하면서도,
> 변화를 위한 도덕적인 선택을 함으로써 신의 은총을

드러낼 수 있다고, 나는 확신한다. … 역사는 불의를
정당화하는 칼이 될 수 없다. 진보를 막는 방패도 아니다.
과거의 잘못을 되풀이하지 않는 방법을 알려 주는 설명서가
되어야 한다. 악순환의 고리를 끊는 방법 말이다. 더 나은
세상으로 가는 길, 바로 그것 말이다.

은총에 대한 오바마의 정치적 해석이 이런 수준을 보여 주었기에,
그가 연설 중간에 찬송가 〈어메이징 그레이스〉를 부른 것이,
필자에게는 작위적이기보다는 놀랍도록 대단해 보였다.

(6) 미국에서 흑인은 전체 인구의 8분의 1에 불과하다. 게다가
극심한 인종차별의 희생자이기도 하다. 이런 현실에서 흑인 대통령이
출현했다는 것은 민주주의라는 정치체제가 갖는 최고의 매력이 아닐
수 없다. 하지만 흑인 대통령임에도 불구하고 흑인에 대한 사회적
차별과 사적 폭력이 멈춘 것은 아니다. 물론 이제 흑인 시민들은
전처럼 그런 차별과 폭력을 운명처럼 받아들이지 않고 싸운다. 그들
곁에는 흑인만이 있지 않고, 인종차별에 반대하는 백인도 히스패닉도
아시아인도 있다. 그렇게 싸울수록 극단적인 인종차별주의자의
비이성적 폭력도 강해졌다. 흑인 교회에까지 들어와 총질하는
폭력 앞에서 흑인 시민들은 오바마에게 이렇게 질문하고 나섰다고
볼 수 있다.

당신이 대통령이 되고도 현실이 이렇다. 어쩌란 말인가?

그래도 싸워야 하는가? 대체 이 싸움은 언제 끝날 수
있는가?

당신이 오바마라면 어떻게 답했을까? 폭력을 저지른 자에게 책임을
묻고 희생자를 위로하는 것으로 충분했을까? 보상을 약속하는 것으로
흑인들의 분노를 잠재울 방법을 찾았을까? 위에서 살펴본 추도 연설,
〈어메이징 그레이스〉는 그에 대한 오바마의 응답이라 할 수 있다.
은총의 놀라움! 그것은 곧 이런 메시지와 같다. 인간 현실의 수많은
비극성을 피할 수 없다 하더라도, 더 나은 사회로의 진보를 위해
싸워야 할 충분한 이유가 있다. 그에 대한 보상과 구원은 우리가 알지
못할 뿐 신의 신비로운 계획 속에 있다.

그러니 다만 정의를 위해 힘써라!

노골적이고 직접적인 언어로 표현되지 않았지만, 추모 집회를 위해
교회에 모였던 5500명의 흑인 시민들에게 오바마가 말하고자 한 바는
분명하고도 감동적으로 전달되었다고 필자는 확신한다.

(7) 이제 긴 이야기를 마무리할 때가 된 것 같다. 앞서 강조했듯,
정치가 인간을 구원할 수는 없다. 하지만 좋은 정치를 실천하고자
하는 우리들의 고뇌와 노력 속에서 신비로운 은총을 기대할 수는
있다. 인간의 정치를 통해 이상 사회를 만들 수는 없을 것이다. 그러나
민주정치를 신의 은총으로 여기며 잘 가꿔 가려 노력하는 시민의 삶도

가치 있는 일이다. 인간을 자유롭고 평등하게 창조한 신의 계획을 이해하는 데서도, 정치는 하나의 '불타는 문제'로 지금 우리 앞에 서 있다!

· · ·

(1) 한 가지 바람이 있다면, 지금까지의 내용이 종교적인 관점에서만 이해되지 않았으면 한다. 필자가 진심으로 의도했던 것은, 정치라는 인간 활동이 고결한 종교의 원리 안에서도 옹호될 수 있다면 다른 어떤 방법보다도 강력하게 '정치에 대한 적극적 정당성'을 주장할 수 있지 않을까 하는 생각이었다. 그러므로 다른 종교를 믿는 동료 시민들도 편견 없이 이 책의 내용과 마주했으면 좋겠다.

(2) 어떤 종교든 인간을 위한 것이라 할 수 있는데, 그런 종교를 나쁘게 만든 건 현실의 인간이라고 할 수 있다. 그 가운데 기독교의 정치적 타락은 극적이라고 말하지 않을 수 없다. '노예와 이방인 그리고 여자를 위한 종교'였던 기독교가 오늘의 한국 사회에서 어쩌면 이럴 수 있을까 하고 생각해 보게 된다. 정치를 영향력 확장에 활용한 교계 지도자들만이 아니라 기독교를 냉전반공주의의 이데올로기적 보조 장치로 악용한 나쁜 정치의 선례도 잘못이라고 할 수 있다. 이제라도 그 악순환의 고리를 끊고 기독교 본연인 '사회적 약자를 위한 종교'로 돌아왔으면 하는 바람이 간절하다. 그걸 위해서라도 정치가 좋아져야 할 이유가 분명히 있다고 생각한다.

(3) 오늘의 민주정치와 관련해서 한국 기독교계를 살펴보는 것은 흥미롭다. 보수적 기독교계 인사들은 (햇볕정책 반대, 사학 개혁 반대, 동성애 반대를 내건 기독교 동원의 수많은 시도들, 나아가 기독교 정당 창당 시도 등의 여러 사례에서 볼 수 있듯이) 정치활동에 적극적이다. 물론 이런 방식이 민주적인 이상과 가치와는 거리가 멀기는 하다. 반면 진보적 기독교계는 놀랄 정도로 비정치적이다. 전처럼 사회운동에 적극적인 것도 이제는 아닌 듯하다. 냉정하게 현실을 말한다면, 대형 보수교회에 대한 소극적 비판으로 주변화되었거나 혹은 다소 냉소적인 태도들로 개별화되어 온 것이 아닌가 싶기도 하다.

(4) 정치를 가난한 보통의 시민들에게 유익한 무기이자, 친구가 될 수 있게 하는 접근이 많아졌으면 한다. 그게 민주주의의 핵심 가치이기도 하다. 요컨대, '기독교적이면서도 민주적인 그 넓은 공간'을 개척하는 '정치적인 시민의 탄생'은 어쩌면 신실한 믿음을 가진 기독인의 세계에서도 절실한 과제가 아닌가 한다.

(5) 독일의 기독교 민주주의 세력을 대표하는 정치 지도자 앙겔라 메르켈이 강조했듯, 신앙의 힘은 기본적인 가치와 방향을 가리켜 주고 스스로 늘 겸손하게 만들고 언제나 최선의 노력을 다하게 하지만, 결국 현실의 민주정치가 해결해야 할 과업은 우리 스스로 채워야 할 소명일 것이다. 그렇다면 인간의 학문인 정치학의 지식과 지혜를 빌려 정치의 가치를 말한다면 어떻게 될까? 정치학의 관점에서 정치란 무엇이고 왜 중요한가를 어떻게 이야기할 수 있을까? 이제 본격적으로 인간의 정치에 대해 살펴보기로 하자.

정치,
불완전한 인간이 추구하는
가능성의 예술

존재의 궁극적인 목적에 대해 깊은
관심을 갖지만 그 때문에 영원히 살 수
없는 자신의 비극적 운명을 자각하며
기쁘면서도 슬프고 아픔 없이는 환희도
없는 삶을 살아 내야 하는 우리 인간에게,
도대체 정치란 무엇이고 또 무엇일 수
있단 말인가?

1   개인 삶과 정치는 깊이 관련돼 있다

(1)   공동체 속에서 인간의 삶을 이끄는 정치를 어떻게 하면
적극적인 의미로 이해할 수 있을까? 이제 이 질문을 다룰 텐데,
문제는 그것이 결코 간단치 않다는 데 있다. 대체 정치라는
인간 활동은 보람 있는 삶을 살고자 하는 우리에게 어떤 의미를
갖는 것일까? 아리스토텔레스가 말한 '정치적 동물'의 의미는
무엇이었을까? 정치는 개인의 삶과 무관한 것일까? 정치에
무관심하면서 윤리적인 삶을 살 수 있을까? '권력적이지 않은 삶'과
'권력을 선용하는 삶'의 두 비전 사이에서 선택해야 한다면 당신은
어떤 결정을 하겠는가? 결국, 인간에게 정치란 무엇이고 또 무엇일 수
있을까?

(2)   우선 정치라는 말의 기원부터 생각해 볼 필요가 있겠는데,
그 말은 '시민으로서의 좋은 삶은 그들 사이의 공통된 문제를
다루는 정치가 좋아야 가능하다'는 의미를 담고 있다. 정치가 어떠냐
하는 문제와 시민 개개인이 보람 있는 삶을 살 가능성 사이에 깊은
상관성이 있다는 말인데, 여기서부터 이야기를 시작해 보자. 결론을
먼저 말하면, 개개인의 삶에 정치가 미치는 영향은 생각보다 아주
직접적이다. 빈말이 아니라 정말 그렇다. 개인으로서의 사적 삶과
정치라고 하는 공적 기능 사이의 거리는 짧고 가깝다. 달리 말해
사회라고 불리는, '개개인 모두가 터 잡고 있는 공통의 조건'을 정치가
어떻게 움직여 가느냐에 따라, 각자가 어떤 삶을 살게 될 것인지의
문제 역시 아주 큰 영향을 받는다는 것이다.

(3)　당신은 누구를 만나서 사랑하고 연애하고 결혼하고 싶은가?
분명 사랑하고 연애하고 결혼하는 문제는 그야말로 지극히 사적이고
개인적인 일이 아닐 수 없다. 그런데 이 질문에 대한 반응은 사회마다
다르다. 사회적 안전망이 완전하지는 않지만 어느 정도 잘 갖춰진
유럽의 복지국가들에 비해 미국은 각자가 가진 시장 경쟁력에 따라
개인의 삶이 상당 부분 결정된다. 유럽은 대략 고졸자의 30~40퍼센트
정도가 대학을 가고 다른 대부분은 일찍부터 직업교육을 받는 데 반해
미국은 그보다 두 배 가까운 고졸자들이 대학에 진학해 직업교육이
아닌 일반 고등교육을 받는다. 그 결과 대졸자의 90퍼센트 이상은
대학에서의 전공과 무관한 분야에서 직업을 찾아야 한다. 당연히
이들 사이의 취업 경쟁은 몹시 치열하다. 의료보험 역시 민간 기업이
주관하고 그 비용은 개인이 감당해야 한다. 이런 조건에서 연애와
결혼을 하기 위해서는 취업 능력이 결정적이다. 대학 다니며 빌린
학비 융자금도 갚아야 하고, 결혼해 살 집을 얻는 데 필요한 모기지론
(mortgage loan)도 신청해야 하며, 아이를 낳으려면 의료보험을 제공해
주는 직장을 얻어야 하기 때문이다. 따라서 연애 상대가 어떤 스펙을
갖췄고 어느 정도의 소득수준을 유지할 수 있고 어느 규모의 직장에
취업할 수 있을까를 중시하기 마련이다. 이들에게 실직은 곧 무보험자
및 모기지론 미납자로 전락할 위험을 의미하기 때문이다.

(4)　어려서부터 일하는 것의 존엄성을 배우고 다양한 직업교육에
익숙할 뿐만 아니라 (비록 완전하지는 않지만 최소한 이상의) 사회
안전망의 보호를 받는 유럽의 젊은이들은 어떨까? 누구와 연애하고

결혼하고 싶은가를 묻는, 한 설문 조사에 대한 유럽 여성들의 응답은 흥미진진하다.

(5)　가장 많은 응답은? "키스 잘하는 남자"다. 간단히 말해 입을 맞췄을 때 사랑하고 사랑받는다는 느낌을 주지 못하는 남자와는 연애도 결혼도 할 수 없다는 것이다. 키스 잘하는 것이 사랑하는 사람에 대한 의무이자 예의라는 뜻이기도 하겠다. 두 번째 많은 응답은 무엇일까? "유머 있는 남자"다. 누구라도 언젠가는 죽을 수밖에 없는 인간 삶의 비극적 운명을 견딜 수 있도록 신이 인간에게 준 선물이 있다면 그것은 유머다. 그런데 그런 유머 감각을 갖추지 못한 남자와 연애하고 결혼하는 일? 도저히 관용할 수 없다는 것이다. 세 번째 많은 대답은 무엇일까? "요리 잘하는 남자"다. 가사를 분담하는 것을 의무로 생각하기 이전에, 사랑하는 소중한 사람을 위해 음식을 만들어 주는 것을 즐거움으로 생각하는 남자라야 사랑할 수 있단다. 네 번째 대답은 "폭력적이지 않은 남자"다. 아무리 여성이 자신의 신체를 단련해도 완력에 있어서 남자를 당해 내기는 어렵다. 따라서 폭력 성향이 잠재해 있는 남자와 연애하고 결혼할 수는 없단다. 아무튼 이런 대답들에서 알 수 있는 것은 일찍부터 자신의 직업 생활을 준비하고 나아가 실직의 위험에 대비할 수 있는 사회적 안전망이 튼튼한 사회에서라면, 연애와 결혼의 상대를 선택할 때 스펙이나 취업 및 소득 조건을 따지기보다 정말 사랑하고 싶은 상대를 찾아 사랑할 수 있다는 사실이다.

(6) 미국의 젊은이가 유럽의 젊은이들에 비해 뭔가 인종적으로 별종이거나 해서 이런 차이가 생기는 것은 아닐 것이다. 사랑도 중요하지만 결혼해 아이를 키우려면 보험 혜택이 제공되는 회사에 다닐 정도의 조건을 갖춰야 하는 사회인지 아닌지 하는 문제가 개개인의 태도에서 차이를 만드는 것이지, 타고난 인성의 차이 때문은 아니라는 말이다.

(7) 우리는 어떨까? 우리 대학생들에게 강의를 하면서 연애와 결혼의 대상으로 이성을 생각할 때 먼저 고려하는 것이 무엇인지를 물었을 때 가장 많은 응답은 "외모"였다. 대답을 듣는 순간 당황했지만, 냉정하게 생각해 보니 사실 피부만 보아도 상대의 소득과 학력 수준을 가늠할 수 있게 된 것이 오늘의 한국 사회다. 강남 지역만이 아니라 규모가 큰 지하철 역 광고판마다 성형외과 광고로 뒤덮여 있는 우리 현실에서 어쩌면 솔직한 반응인지도 모르겠다. 결국 우리가 사랑하고 싶은 사람을 만나 연애하고 결혼하느냐 아니면 학력이나 경제적 조건, 외모가 더 먼저 고려되느냐 하는 지극히 사적인 문제도 개인들이 어떤 사회에 살고 있는지 하는 문제, 즉 해당 국가의 정치가 사회를 어떤 모양새로 만들고 가꿔 왔는지 하는 문제와 그야말로 매우 밀접한 관련이 있다는 것을 우리는 생각하지 않을 수 없다. 정치, 행복한 개인 삶을 위해서도 정말로 중요하고 또 중요하다.

2   왜 인간은 정치적 존재인가

(1)   학문으로서 정치학을 세운 사람이라고 할 수 있는
아리스토텔레스*의 '정치적 인간론'은 흥미롭다.

(2)   그에 따르면, 인간이 인간이기 위해서는 정치적일 수밖에
없다. 인간이 가족을 이루고 친족과 마을을 이루어 사는 것만으로는
'목적을 가진 삶', '윤리적으로 좋은 삶'을 살 수는 없으며, 그러한
삶은 오로지 정치 공동체를 이루어 살 때에만 가능하다고 보았기
때문이다. 생각해 보라. 가족이나 친족 공동체로 이루어진 마을
안에서만 인간이 살게 된다면, 정의란 무엇이고 자유란 무엇인지가
중요할까? 그보다 더 큰 규모의 공동체 속에서 남들 내지 타인들과의
삶이 불가피해야, 왜 법이 필요하고 또 법 앞의 평등이 중요한지,
그것이 정의를 실현하는 문제와 어떤 관련 있는지, 나아가 공적
결정에 필요한 정당성의 토대를 만드는 문제는 어떻게 해결할
수 있는지 등등이 제기되지 않겠는가? 이상과 같은 이유 때문에
아리스토텔레스는 이렇게 말할 수 있었다.

> 누군가 정치 공동체 없이도 살 수 있는 자가 있다면 그는
> 인간 이상의 존재이거나 아니면 인간 이하의 존재이다.

(3)   여러분 가운데 혹시 "인간은 정치적 동물이다"라는 말의
의미를 지배적 위치를 차지하고자 하는 인간의 동물적 본성을

프란체스코 아예츠의
〈아리스토텔레스〉

아리스토텔레스 (기원전 384~322)

정치학이라는 학문을 만든 철학자라고 할 수 있다. 그의 강의록을 묶은 대표작
『정치학』에서 그는 인간과 정치의 목적에 대해 이렇게 말했다. "정치 공동체는
자연의 산물이며, 인간은 그 본성에 있어서 정치적 동물이다. … 자연은 어떤
목적 없이는 아무것도 만들지 않는다는 것이 우리의 주장이다. 그런데 인간은
언어(이성)의 능력을 가진 유일한 동물이다. … 그것은 무엇이 유익하고 무엇이
유해한지, 그리고 무엇이 옳고 무엇이 그른지 밝힐 수 있게 해준다. 인간과
다른 동물들의 차이점은 인간만이 선과 악, 옳고 그름 등등을 인식할 수 있다는
것이다. 그리고 이런 인식의 공유에서 가정과 정치 공동체가 생성되는 것이다."

가리키는 것으로 알고 있었다면, 그건 크게 오해한 것이다. 아리스토텔레스가 말했던 것의 진정한 의미는, 개개인이 선한 목적을 가진 좋은 삶을 살고자 한다면 그것을 위해서라도 좋은 정치 공동체를 만들어야 한다는 것, 바로 여기에 있기 때문이다.

(4)   제대로 정치적인 사람은 '어떻게 하면 인간 삶의 현실을 좀 더 낫게 만들 수 있을까'를 생각하는 사람이지, 현실을 개탄하고 냉소하는 사람'이 아니다. 지금의 정치 현실을 야유하고 비난만 한다면 기성세력이 지배하는 정치 질서는 달라지기는커녕 더욱 강해지기만 한다. 보통의 시민들이 정치를 혐오해 가까이 다가가지 못하게 만들기 때문이다. 냉소나 개탄보다는 "어떻게 하면 지금과 같은 정치를 바꾸고 변화시켜 공동체에 기여하게 할 수 있을까?"를 묻는 사람이 제대로 정치적인 사람이다. 변화의 에너지와 적극적 참여의 열정을 모으려는 사람들이 늘어나야 정치도 사회도 달라질 수 있고 또 그래야 새로운 가능성도 만들어질 수 있다. 개탄과 야유, 냉소는 일반 시민을 정치로부터 멀어지게 만들거나, 정치를 기성세력의 독점물로 방치하게 하는 '악마의 유혹'일 때가 많다.

(5)   사회는 개인들의 단순한 합이 아니다. 오래전 칼 마르크스 (Karl Marx, 1818~1883)가 강조했듯, '인간이란 사회 속에서만 개별화될 수 있는 존재'다. 달리 말해 사회가 없다면 개인도 없다. 그렇기에 사회 혹은 공동체 전체를 관장하는 정치의 기능이 좋아야 개개인도 좀 더 나은 삶을 살 수 있다. 여러분은 어떤가? 스펙과

소득이 연애와 결혼의 조건이 되는 사회에 살고 싶은가, 아니면 키스 잘하고 유머 있고 요리 잘하는 사람이 사랑받는 사회에 살고 싶은가? 사랑하고 싶은 사람과 사랑할 수 있는 사적 삶을 위해서도, 정치가 공동체적 차원에서 제 기능과 역할을 하느냐 못 하느냐의 문제는 중요하고 또 중요하다.

3   '진정성의 정치'를 해야 한다?

(1)   정치가들이 도덕성과 진정성으로 정치를 하지 않아서 문제라는 주장이 많다. 그런 주장을 하는 사람일수록 공통적으로 '도덕성 회복', '초심 잃지 않기', '진정성 갖기'를 구호처럼 말한다. 그런데 이런 태도가 잘못된 정치관으로 이어질 때가 많은데, 이제 이 문제를 생각해 보고자 한다. 우선 결론부터 말하면 이렇다. 누구든 진정성을 가지고 정치를 했으면 좋겠다. 진심으로 그런 의지를 다져 나갔으면 한다. 그러나 진정성을 앞세워 정치하는 일? 그건 좋지 않다. 그렇게 해서는 정치의 실제 현실을 제대로 다루지도 못하거니와 결과적으로는 '위선의 정치'로 귀착될 가능성만 높일 수 있다.

(2)   진정성은 모든 인간이 다 중시하는, 가장 인간적인 측면의 하나라 할 수 있다. 그렇지만 아무리 착한 사람도 착하기만 한 건 아니라면, 또 악한 범죄를 저지른 사람도 악하기만 한 것은 아니라면, 진정성이 인간의 모든 것이 될 수는 없다. '진정성 있는 삶', '옳은

삶'을 살 수 있는 인간? 아마도 예수나 부처, 아시시의 프란체스코나
『카라마조프가의 형제』에 나오는 조시마 장로같이 '인간 이상의 삶'을
산 사람이라면 모를까 보통의 인간은 분명 그러기 어렵다. 그렇기에
독일의 철학자 피히테(Johann Gottlieb Fichte, 1762~1814)는 '누구도
인간의 완전함을 전제할 권리는 없음'을 단언했고, 막스 베버는
'인간의 평균적 한계' 위에서 정치 윤리를 세워 가야 함을 강조했다.

(3)   돌아보면 우리 모두 오류와 잘못을 숙명처럼 이고 산다.
그렇기에 우리가 노력해야 할 것이 '좋은 삶', '좋은 정치'일 수는
있어도 '옳은 삶', '옳은 정치'일 수는 없을 것이다. 좋은 것은
다원주의적 기준이 될 수 있지만 옳은 것은 하나의 절대적 선택 내지
결단을 불러올 때가 많다. 그래서 역설적이게도 옳음을 앞세우는
사람은 주변을 온통 분열로 물들게 할 때가 많다. 자신의 옳음만
생각할 뿐, 다양한 차이와 이견을 인정할 수 없기 때문이다.[*]

(4)   우리가 노력하고 또 노력해야 하는 것은 여러 가능성을
인정하면서 좀 더 좋은 성과, 좀 더 나은 대안, 좀 더 설득력 있는
논리를 위해 성실히 준비하고 실천하는 것, 그러면서도 때로 그렇게
노력해도 얻을 수 있는 결과가 나쁠 수도 있다는 역설(paradox)조차
인정하는 것, 그래서 조심스럽게 자신의 결정과 행동을 돌아보는 데
있다. 선의와 진정성은 자신의 마음속에서 그것을 잃지 않으려 노력할
일이지, 그것을 앞세워 일을 하는 것은 결코 좋다고 볼 수 없다.
특히나 '권력의 문제'를 다뤄야 하는 분야의 인간 활동에서는

앞서 살펴본 기독교 변증론자 C. S. 루이스는 인간이라면 누구도 늘 타인으로부터의 용서가 필요하고 그만큼 부족함과 잘못을 인정할 수 있어야 함을 강조하면서, "어느 정도 악한 인간은 자기가 그리 좋은 사람은 못 된다는 것을 압니다. 그러나 철저하게 악한 사람은 자기가 옳다고 생각합니다."(『순전한 기독교』, 153쪽)라고 말한다. 옳고 그름을 분명하게 판단할 수 있다고 믿는 "도덕적 독선가들"을 비판하면서 "그들은 좋으냐 나쁘냐만 생각하지 좋은 것, 더 좋은 것, 최선의 것, 나쁜 것, 더 나쁜 것, 최악의 것으로 나누어 생각하기를 싫어한다."(173쪽)고 지적한다. 이렇듯 판단을 확실히 갖는 사람들에게서 볼 수 있는 특징 중의 하나를 그는 이렇게 말한다. "자기들이 포기하는 것을 다른 사람도 다 포기해야 한다고 생각하는 것입니다. 그리스도인이 특별한 이유로 어떤 것—육식, 결혼, 영화 등—을 하지 않는 게 좋겠다고 생각할 수는 있습니다. 그러나 그런 일 자체를 악하다고 말하는 순간, 혹은 그런 일을 하는 다른 사람들을 경멸하는 순간, 그는 잘못된 길로 접어드는 것입니다"(133쪽). 그래서 루이스는 불완전한 인간임을 자각하지 못하고 늘 확신에 차 타인을 가르치려 드는 사람들을 향해 "교회에 꼬박꼬박 출석하는 냉정하고 독선적인 도덕가가 거리의 매춘부보다 훨씬 더 지옥에 가까울 수 있는 이유는 여기에 있습니다."(167쪽)라고 비판했는데, 사실 그런 사람은 자기 자신도 온전히 지키지 못할 때가 많다. 자신도 살 수 없는 삶을 다른 사람에게 강요하니 그게 어떻겠는가?

『카라마조프가의 형제』의
조시마 장로'가 모티프가 된
미하일 네스테로프의 〈은둔자〉

때로 재난적인 결과를 낳을 수 있다. 그렇기에 '악마는 선의 속에 숨어 있다'는 말이 설득력을 갖는 것이다.

(5) 물론 진정성을 '앞세워' 정치하는 것만 나쁜 것은 아니다. 더 위험한 것은 '진정한 진정성'을 가지고 정치를 하는 데 있다. 인간의 역사에는 진정한 진정성이 낳은 부정적 사례들이 끝도 없이 많다. 신앙의 진정성을 따졌던 종교재판의 수많은 사례에서부터, 종교개혁 초기에 있었던 '재세례파에 의한 뮌스터 시의 자치'가 신의 뜻에 부응하는 진정한 공동체를 내걸고 출발했으나 공포정치로 끝난 사례도 중요하다. 마키아벨리의 『군주론』 6장의 주제이기도 한 '사보나롤라의 통치'가 사치와 탐욕을 없애고자 급진적 의식개혁 운동을 주도했으나 결국 대중으로부터 버림받아 화형을 당한 사례도 흥미롭다. (이 두 사례는 다음 장에서 자세히 살펴보겠다.) 공산주의자가 혁명 이후 전체주의자로 전락한 경험 역시 깊은 관련이 있는 문제들이다.

(6) 이들 사례의 주인공들이야말로 진정한 진정성을 가진 사람들이었다. 문제는 그들이 그런 마음으로 권력을 다룬 데 있었다. 권력의 문제를 이해할 능력과 그것을 다룰 실력을 키우지 못하고 모든 것을 진정성으로 해결하려 했을 때, 결과는 어땠을까? 참혹했다. 착취도 억압도 없는 평등 사회를 만들고자 했던 공산주의자들의 경우, 그런 진정한 진정성이 있었기에 체포되어 모진 고문을 당하면서도 조직을 지키고자 했고 가족이나 형제보다도 같은 진정성을 갖는 동지를 더 신뢰했는데, 그런 그들이 권력을 잡게 되자 동지는 물론

타자 일반의 진정성을 의심하였고 숙청과 정화를 위한 폭력을
사용하게 되었다. 결국 아무도 믿지 못하고 자식이나 형제에게 권력을
세습하는 것으로 귀결되고 말았다.

(7)　맥락에서 조금 벗어난 이야기 같지만, 글을 쓰고 읽는 일도
마찬가지라고 생각한다. 만장일치적 동의가 어려운 정치적 주제일
경우는 특히 그러한데, 그런 글일수록 내용의 옳고 그름 여부로
따져지기보다는, 의미 있는 내용이나 주장이 있는지 없는지의 문제로
이해되어야 할 것이다. 내용 전체가 옳은 글은 세상에 없다. 단지
부분적으로만 옳은 이야기일 뿐이다. 그런데 그거면 충분하다. 좋은
글이라고 해서 모든 것을 다 받아들일 이유는 없다. 그렇게 여겨지지
않는 부분에 대해서는 '지혜로운 무시' 내지 '현명한 무관심'이
필요하다. 오래전 볼테르(Voltaire, 1694~1778)도 강조했듯, 사실이라고
해서 모든 게 따져져야 하는 것은 아니다. 서로 다르게 옳기 때문에
우린 서로에게 배울 수 있고 그렇기에 공존하고 협력할 수 있다.
그리고 이것이야말로 누구든 민주주의자로서 성과를 내려면
꼭 익혀야 할 정치 윤리가 아닐 수 없다.

4　악마는 선의에 있다

(1)　앞서 '악마는 선의에 숨어 있다'는 말을 했는데, 아마도
의아해 할 사람이 있을 듯하다. 하지만 이 문제야말로 인간의 정치가

감당해야 할 윤리적 문제를 좀 더 깊이 들여다 볼 수 있는 주제가
아닐 수 없기에 덧붙여 설명하면 이렇다.

(2)　　선한 사람이란 악을 저지르지 않는 사람이 아니다. 누구도
그렇게 살 수 없으며, 그것이 인간이다. 인간 존재가 가진 이런 한계를
인정한다면, 선한 사람에 대한 정의도 달라질 수밖에 없다. 그것은
잘못을 인정하고 용서를 구하는 사람, 같은 실수를 반복하지 않으려
애쓰는 사람일 것이다. 이런 미지근한 주장은 악의 번성에 기여할
뿐이라며 반대하는 사람이 있을 수 있다. 단호하게 선을 옹호하고
악을 응징하겠다는 결의만이 옳다고 생각할 수 있다.

(3)　　그러나 문제는 그럴수록 타인의 선의를 의심하거나 그를
'악의 조력자'로 몰아 공격하기 쉽다는 데 있다. 앞서도 인용했던
C. S. 루이스에 따르면 악마는 자신의 옳음과 선의를 확신하는
사람이다. 달리 말하면 '타락 천사'라고도 할 수 있는데, 그런 천사는
구원받지 못한다. 변명의 여지가 없기 때문이다. 인간의 타락은
나약함 때문이라는 존재론의 도움을 받을 수도 있고 구원자를 소망할
이유가 되지만, 천사는 애초에 타락할 수 없는 선의의 대변인이기에
그렇다. 선의라는 것이 내적으로 단단하게 다지려 노력해야 할
개인적인 과업임에는 틀림없지만, 그런 선의가 외적으로 앞세워지면
역설적이게도 선의는 줄고 적의는 커진다는 것, 이 점을 이해하지
못하면 좋은 정치의 길을 열기 어렵다.

(4)　　오늘날 우리가 실천하고 있는 민주주의는 선의에 기초를 둔 것이 아니다. 미국 헌법을 주도했던 제임스 매디슨의 그 유명한 말처럼, "인간은 천사가 아니고 천사에게 정부를 맡길 수 없다."는 전제 위에 서 있는 것이 민주주의이다. 동료 시민의 자유와 생명, 재산을 위협할 수 있는 집단의 출현 가능성 때문에 정부를 만들게 되었고, 그런 정부가 전제정으로 퇴락하지 않도록 입헌적 장치 안에 묶어 둔 것이 민주주의다. 사적 이익을 추구할 권리를 박탈하면 자유를 억압하는 일이 되기에, 그 원인으로서 인간의 이기심을 제거하기보다는 누군가의 이기심을 다른 누군가의 이기심으로 견제하게 하고, 공익에 유해한 영향을 미친 결과에 대해서는 사후적으로 책임을 묻고자 했다. 요컨대 시민 각자의 권익을 최대화하려는 행위들이 사회 속에서 교차되면서 결과적으로 좀 더 선한 공익적 효과가 실현되는 방법을 찾고자 했던 프로젝트라 할 수 있다. 물론 이 프로젝트는 2016년 박근혜 정부의 사례가 보여 주듯 때로 실패할 수 있고, 그렇기에 끊임없이 교정하고 사후적으로 개선해 가야 하는 운명을 안고 있다.

(5)　　정치체제를 잘 운영하는 문제를 둘러싼 논쟁이 아니라, 선의였는지 아니었는지의 문제로 논쟁을 하게 되면 어찌 될까? 앞서 지적했듯, 그러면 누구의 선의라도 악의나 적의로부터 쉽게 희생될 수 있다. 2017년 초, 더불어민주당 경선 과정에서 박근혜 대통령의 선의를 둘러싸고 문재인 후보와 안희정 후보 사이에서 흥미로운 논쟁이 있었다. 선의로 시작했으나 법과 제도를 잘못 운용한

것인지, 아니면 애초부터 선의가 없었다고 봐야 하는지. 이 작은
논쟁이 가져온 결과는 더불어민주당 지지자들 사이에 심한 갈등과
적대감을 키웠다. 그 뒤 '분노'와 '정의감' 그리고 '사랑' 등의 선한
윤리적 언어들이 논쟁 속으로 들어왔지만, 그것 역시 선한 기운을
북돋는 데 아무런 기여를 못 했다.

(6)   정치에서 선의는 다툼의 대상이 될 수 있을까? 막스 베버는
정치가들이 저지르기 쉬운 죄과 가운데 하나로, "자신이 옳기 위해
윤리적 문제를 끌어들이는 일"을 꼽았다. 그것은 누가 더 옳은지를
두고 의견을 양분시킬 뿐, 모순적인 요구와 갈등적인 상황 속에서
사회적 균형을 만들어 가야 할 정치의 기능을 파괴한다는 것이다.
정치에서 적의와 증오는 의견의 양극화로 귀결되는 지극히 위험한
열정을 불러일으킨다. 의견이 다른 진영을 적대적으로 배제하고자
하는 상황으로 퇴락할 수 있는 일은 금방 만들어질 수 있다. 정치에서
싸움과 논쟁은 피할 수 없지만, 중요한 것은 잘 싸우고 잘 논쟁하는
데 있다. 좋은 논쟁은 민주주의의 엔진이지만 그렇지 않은 논쟁은
민주주의를 위협한다. 해야 될 논쟁은 누가 더 합리적이고 설득력
있는 대안을 말하는가에 대한 것이고, 하지 말아야 할 논쟁은 선의를
독점하고자 윤리적 언어를 이용하는 일이다.

(7)   어떤 경우든 논쟁의 일차적 규범은 내가 당하지 않았으면
하는 방식으로 상대를 대우하지 않는 데 있다. 반대편의 입장을
규정하는 데 있어 거부감을 최소화하는 주장을 개진해야 하며,

반대편과의 사이에서 의미 있는 수렴 지점이 있는지를 찾으려 노력하는 일에 게을러서는 안 된다. 논의를 해도 결론이 좁혀지지 않거나 오해라고 판단할 수 없는 차이가 확인되면 그때는 조정을 시작해야 한다. 논쟁이 될 수 없는 것으로 싸우거나, 합의할 수 있는 쟁점마저 갈등적 쟁점으로 만드는 것이 정치의 역할일 수는 없다.

5 사나운 정치는 정치가 아니다

(1) 우리 사회의 정치를 생각하면 먼저 가슴이 답답해진다. 어떤 때는 여야 사이가 아니라 같은 당의 계파 사이에 오가는 말과 행동이 훨씬 사나워, 그게 더 걱정스럽게 여겨질 때도 많다. 이들이 정치를 하고 있는 건지 약한 내면과 편협한 속을 유감없이 드러내며 싸움만 하고 있는 건지가 구분이 안 될 때도 많다. 정치에서 웃음이 사라진 지도, 정치가 시민들을 웃게 만든 지도 오래됐다. 더 큰 문제는 그다음이다. 뭐든 상대방 탓으로 만들고자 하고 마치 '거울 이미지 효과'처럼 모진 말을 반사하듯 주고받는 동안, 정작 중요한 사안을 실체적으로 다루고 해결하려는 노력은 안 해도 되는 일처럼 되어 버렸기 때문이다.

(2) 분명히 해두고 싶은 게 있다. 싸움이 있는 곳에 정치가 있다고 할 수는 있지만, 싸우기 위해 정치가 있다고 할 수는 없다. 인간 사회에서 갈등과 다툼이 불가피하기 때문에 정치의 역할과

기능이 있는 것이지, 거꾸로 정치가 갈등을 더 심화시키고 싸움을 인위적으로 조장한다면 그것이야말로 반(反)사회적인 일이다. 우리가 처한 여러 상황을 실질적으로 개선하려는 노력 대신, 없는 갈등을 만들고 사소한 갈등을 즐겨 최대화하려는 것을 정치라고 할 수는 없다. 그렇다면 왜 정치가 필요하겠는가. 그건 '사나운 정치'라고 할 수 있을지는 몰라도, 제대로 된 의미의 정치와는 거리가 먼 일이다.

(3)   사나운 정치는 '중상'(calumny)*과 '아첨'(flattery)이 지배하는 것을 말한다. 중상은 상대를 공격하기 위해 사실을 비틀고 왜곡해 말함으로써 정의와 공정함을 희생시키는 정치를 말한다. 아첨은 상대와 문제를 풀고 개선하려고 애쓰는 것이 아니라 돌아서서 자기 지지자들을 향해 상대에 대한 비난을 극대화하는 정치를 말한다. 이 역시 공정함도 진실도 정의도 모두 희생시키는 결과를 낳는다. 현대 민주주의에서 중상과 아첨은 모두 '누가 여론을 더 효과적으로 자극하고 동원할 수 있나'를 둘러싸고 벌어진다. 상대 정당이나 다른 계파와 경쟁하면서도 협력하는 노력은 소홀히 하면서, 경쟁하듯 언론 앞으로 달려가 상대를 비난하는 것을 가리켜 '여론에 아첨하는 정치' 혹은 '여론 동원 정치'라 부른다. 정치를 이렇게 하면 사나운 '싸움의 언어'만 많아질 뿐, 실체적인 변화나 개선은 없다. 그런 사람일수록 인상도 점점 비열해지고 어두워지는데, 그래서 필자는 웃음이 없는 정치가 혹은 웃음이 보기 좋지 않은 정치가는 절대 신뢰하지 않는다.

(4)   정치적이되 아름다워야 한다는 것을 강조하고 싶은데, 사실

보티첼리의 〈중상을 당한 아펠레스〉는 필자가 피렌체의 우피치 미술관에서 가장
인상 깊게 본 그림이다. 그림 속의 인물들은 사나운 정치의 여러 요소들을 상징한다.
오른쪽에서부터 보면, 귀가 얇은 통치자는 '무지'(ignorance)와
'의심'(suspicion)에 휘둘려 '질투심'(envy)에 사로잡혀 있다. '정직'(honesty)은
'사기'(fraud)와 '음모'(conspiracy)로 '중상'(calumny)을 당한다. 이를 지켜보며
괴로워하며 눈물짓는 것은 '후회'(repentance)와 '진실'(truth)이다. 여기서 통치자란
군주정에서는 왕을 가리키겠지만 공화정이나 민주정에서는 대중을 상징한다.

보티첼리의 〈중상을 당한 아펠레스〉

정치가 우리를 구원할 수 있을까

이 형용모순이야말로 정치의 본질이라 할 수 있다. 인간의 정치가 안고 있는 근본적 어려움은 갈등적인 요구들 사이, 혹은 해결할 수 없는 윤리적 딜레마 속에서 일하는 데 있다. 정치라는 인간 활동은 수많은 이율배반(antinomy)을 감당해 내지 않고 실천될 수 없다. 그렇기에 이런 운명적 조건을 더 넓고 깊게 이해하면서 '남다른 인식'을 담은 정치적 말의 힘을 선용하는 일은 중요하고 또 중요하다. 개탄하고 야유하고 냉소하는 언어는 정치의 '기능과 역할을 파괴하는 사나운 흉기일 뿐, 이를 남발하는 걸 정치라고 부를 수는 없다. 설령 그것도 정치라고 해야 한다면, 적어도 그때의 정치는 '유해한 정치' 혹은 '파괴적 정치'라고 해야 마땅할 것이다.

(5)   정치 언어의 역할은 변화와 개선을 위한 '가능성의 공간'을 확대하는 데 있지, 상대방이 거부감을 갖도록 정형화된 이미지를 부과해 소모적인 갈등을 지속하는 데 있지 않다는 점을 강조하고 싶다. 민주주의는 강제나 억압이 아닌 설득의 힘, 말의 힘을 통해 실현되는 공동체를 지향한다. 당연히 정치 언어가 좋지 않다면 그런 공동체에 가까이 다가가기는 어렵다. 변화와 개선을 이끌 적절한 말을 쓰는 일이 정치가의 의무이자 규범으로 자리 잡았으면 한다. 공동체를 사람 살 만한 풍요로운 곳으로 만드는 데서 으뜸은 생산도 성장도 기술도 아닌 좋은 말의 효과에 있다는 생각이 자리 잡을 때 정치의 긍정적 기능은 시작될 수 있다.

6 가능성을 추구하는 예술로서의 정치

(1)   어떤 사안이든 절대적으로 옳은 결론을 갖기는 어렵다.
당연히 다양한 요구와 이견 사이에서 말하고 행동해야 할 때가 많다.
상대의 관점에서도 생각할 줄 알아야 하고, 결정에 따라서 갈리게 될
피해자와 수혜자의 관점도 균형 있게 들여다볼 수 있어야 한다.
"무엇이든지 남에게 대접을 받고자 하는 대로 남을 대접하라."는 것이
인간 행위를 이끄는 황금률(golden rule)로 받아들여져야 할 것이다.
정치는 특히 더 그래야 할 것이다. 당파적인 입장을 말하더라도 최대한
보편적이고 공정할 때 변화는 시작될 수 있다. 그렇지 않고 그저
자신들의 계파와 파당적 입장만 고집스럽게 내세우며 아무 일도
안 하는 것 혹은 '하는 척'만 하는 것을 좋다고 말할 수는 없다.

(2)   영국을 대표하는 소설가이자 에세이스트 조지 오웰(George
Orwell, 1903~1950)은 『나는 왜 쓰는가』라는 책에서 이렇게 말한 적이
있다. "돌이켜 보건대 내가 맥없는 책들을 쓰고 현란한 구절이나 의미
없는 문장이나 장식적인 형용사나 허튼소리에 현혹됐을 때는 어김없이
정치적 목적이 결여돼 있던 때였다." 상황을 개선하려는 실체적
목적은 빈곤한데, 뭔가 하는 척하는 구호나 상투적인 멋진 말만
외쳐서 일이 된다면 뭐가 문제겠는가? 그렇지 않고 또 그럴 수 없는
현실을 받아들이며 그로부터 변화를 모색하고자 한다면, 정치적이지
않을 수가 있을까? 다만, 미국의 노벨문학상 수상자 토니 모리슨
(Toni Morrison, 1931~)의 말마따나 "정치적인 동시에 더할 나위 없이

아름다워야” 할 것이다. 정치적이되 아름다워야 한다는 것이야말로, 다른 누구보다도 정치적 활동에 나서야 사람들이 깊이 새겨야 할 경구라고 생각한다. 가장 위험하고 갈등적이며 이율배반적인 조건에서 말하고 행동해야 하는데 그곳에서 의미 있는 성과를 내는 사람의 말과 행동이 어찌 아름답지 않을 수가 있겠는가. 제대로 정치적이어야 실체적 변화의 가능성을 만들 수 있고, 그럴 때 크고 담대하게 희망을 만들어 갈 수 있다.

(3)   정치를 부정적으로 보는 사람들은 냉소와 개탄의 언어를 앞세워 변화의 가능성을 억압하는 사람들이다. 반대로 정치의 가치와 역할을 옹호하는 사람들은 민주주의자들이자 희망을 잃지 않는 사람들이다. 그들의 얼굴은 밝고 빛난다. 개선과 변화의 방법을 찾아 상상력을 최대화하려는 사람들의 표정이 어둡고 잔혹해 보일 리 없다. 버락 오바마는 그들을 '담대한 희망'(The Audacity of Hope)을 가진 자들로 정의하면서 언제나 '예스! 위 캔!'(Yes! We Can!)을 함께 외쳤다. 반(反)정치적인 사람은 변화에 대한 절망을 불러일으키려 하지만 제대로 정치적인 사람은 가능성, 상상력, 용기, 기백을 강조하며 희망과 의지를 말하는 자이다.

> 희망은 상상력을 투사한 결과이다. 절망도 상상력을
> 투사하지만 자신이 예견하는 불행을 너무도 순순히
> 받아들인다. 그러나 희망은 힘 있는 기백이며, 불행에 맞서
> 싸울 모든 가능성을 찾아 나설 의지를 깨운다. 상상력은

손톤 와일더
(Thornton Wilder, 1897~1975)
미국의 소설가 겸 극작가. "격조 있는
문체와 신선한 형식, 인간존재의 의미를
찾는 명상적인 작풍, 인간의 가능성을
믿고 인생을 긍정하는 태도로 미국
문학계에서 특이한 지위를 차지"했다는
것이 평론가들이 말하는 공통적인
평가이다. 주요 저서로는 연애와 결혼
그리고 죽음이라는 가정생활의 평범한
사건을 파헤친『우리 마을』(*Our Town*),
『중매인』(*The Matchmaker*) 등이 있다.

희망에 조응할 수 있는 모든 가능한 결과를 그려 보고
모든 문을 두드려 보고 맞지 않는 퍼즐 조각을 채우기 위해
최선을 다한다. (미국의 대표적인 극작가 손톤 와일더*의 자전적
소설『테오필루스 노스』(*Theophilus North*, 1973) 중에서)

• • •

(1)　혹자는 '좋은 정치가 중요하다는 당연한 이야기를 위해
뭐 이렇게까지 긴 글을 써야 할 필요가 있을까?' 하고 반문할지
모르겠다. 하지만 단편적인 논의만으로는 충분치 않으며 무엇보다도
정치 이야기는 수많은 오해와 편견, 이데올로기로 둘러싸여 있다.

정치가 우리를 구원할 수 있을까　　　　74

그걸 뚫고 정치를 제대로 보기 위해서는 특별한 '인식의 힘'이 필요하다.

(2)   조금만 생각해 보면 알 수 있듯이, 인간은 '사실'을 통해 사실을 이해하는 것이 아니라, 일정한 '인식의 틀'을 통해 사실을 이해하고 판단한다. 사실과 사례, 정보가 늘어난다고 새로운 인식의 힘이 만들어지는 것은 아니라는 말이다. 동일한 사실을 두고 얼마나 다른 판단과 주장을 할 수 있는지는, 누구나 경험한 바가 있을 것이다. 민주주의와 관련해서도 우리는 늘 새로운 사실과 사례, 정보를 접한다. 중요한 것은 이러한 소재들이 의미 있게 해석되려면, 그것을 가능케 하는 인식의 틀이 있어야 하고, 그럴 때에만 수많은 사실과 의견, 주장들의 더미를 헤쳐 가면서 자신의 실천을 자각적으로 이끌 '생각의 힘' 혹은 '생각의 근육'을 키울 수 있다.

(3)   문학을 하든, 영화를 좋아하든, 신의 은총을 바라든, 아이들을 가르치든, 가정을 건사하든, 아니면 진짜 정치를 직업으로 하든, 타인과 공동체에 책임감을 갖고자 하는 시민이라면 정치와 무관할 수가 없다. 먹고 입고 자고 아이를 교육하고 기부를 하고 하다못해 길을 걷는 사소한 행위에는 모두, 정치적으로 결정된 수많은 규제 조치들이 숨어 있다. 우리가 어떤 시민적 삶을 살게 될지와 관련해 정치만큼 영향력이 크고 중요한 것은 없다.

(4)   정치의 세계를 향해 가능성, 변화, 개선, 상상력, 희망,

기백, 용기, 연대와 협력의 아름다운 가치를 투영해 보고 싶어 하는 시민들이 소수인 적은 없다. 다만 영향력을 독점한 소수 시민들이 언론과 법, 지식, 여론의 이름으로, 다수 시민의 목소리를 빼앗고 안 들리게 만들었을 뿐이다. 그렇게 만들어진 가짜 다수가 아니라 진짜 다수 시민의 목소리가 더 크게 들리는 정치를 바란다.

(5) 흥분·야유·냉소·분열·위세·허영심·아첨·중상에 열광하는 시민이 겉으로 많아 보여도 그것은 '크게 들리도록 작위적으로 만들어진 목소리'일 뿐이라고, 필자는 확고하게 믿는다.

민주주의,
정치를 선용하는 체제

민주주의를 한다고 하면서, 우리는
왜 우리 스스로를 제약할 수 있는 공권력을
불러들이게 되었을까? 왜 사회를 이끄는
통치의 기능을 위험하면서도 아름다운
인간 활동으로 여기게 되었을까?

1 정치, 정말로 중요하다

(1)　　정치란 사회구성원 모두에게 구속력 있는 결정을 이끄는 원리를 가리킨다. 달리 말하면 "정치란 구성원 개개인의 자율성을 제한할 수도 있는 공권력 혹은 합법적 강제력을 행사하는 일과 관련된 인간 활동"이라고 정의할 수 있겠다. 개인들의 자율에 맡겨서도 사회가 하나의 공동체로서 운영될 수 있다면 무엇이 문제겠는가? 그럴 수만 있다면, 아마 정치라는 인간 활동은 필요 없어질 것이다.

(2)　　정치가 없는 사회를 생각해 보자. 원리상으로 그때의 사회는 강제적 규율이 없는 자율적 개개인의 결사체에 가까울 것이다. 정치학에서는 이를 '자연 상태'(state of nature)라고 부른다. 달리 말해 그것은 정부나 국가와 같은 공적 강제력이 없는 상태라 할 수 있다. 그러한 자연 상태 속에서 인간들 사이의 상호 작용이 전체적으로 평화롭고 협력적일 수 있다면 얼마나 좋을까? 그러나 그건 현실이 되기는 어렵다. (17세기 영국의 정치사상을 대표하는 토머스 홉스*가 강조했듯이) 평등하고 자율적 개인들로 이루어진 자연 상태에서 사회구성원 가운데 누군가는 또 다른 누군가에게 위해를 가할 수도 있는 악한이 될 수 있다는 사실을 무시할 수는 없기 때문이다. 그 때문에 구성원 사이에서 자의적인 폭력을 행사할 가능성을 공적으로 통제하는 일이 필요했는데, 문제는 그렇게 해서 만들어진 국가 역시 본질적으로는 폭력 집단이 아닐 수 없다는 데 있다.

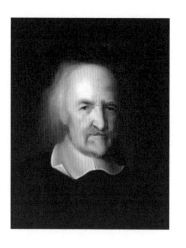

토머스 홉스
(Thomas Hobbes, 1588~1679)
잉글랜드 왕국의 정치철학자. 홉스는
근대 정치철학의 토대를 마련한 책
『리바이어던』(1651)의 저자로 유명하다.
평등한 개인들로 이루어져 있지만
공권력이 작동하지 않는 자연 상태를
만인의 만인에 대한 투쟁 상태로
상정했고, 그로부터 개개인들이
자신의 자연권 확보를 위해 사회계약을
맺음으로써 강력한 국가권력이 발생하게
되었다고 주장했다. 권력에 대한 인간의
욕구를 "오로지 죽음에 의해서만
멈춰질 수 있는 것"으로 보았던 그는,
인간 권력의 최상의 형태는 대다수
사람들이 자신의 권력을 국가라고
하는 한 '인위적 개인'에게 부여하고,
그런 국가가 자신의 의지에 따라 모든
권력을 사용하는 것에 있다고 생각했다.
자유주의 정치철학을 열었지만, 국가
권력에 대한 시민적 통제의 중요성에
대해서는 생각하지 않았다는 점에서
로크나 루소 같은 다른 사회계약론자와
달랐다고 할 수 있다.

토머스 홉스의 『리바이어던』

(3)　본질은 폭력 집단인데 합법적이기에 더욱 위험할 수 있는 것이 국가다. 정치의 역할은 바로 이로부터 연유한다. 즉, '사적 폭력을 통제하기 위해 존재하는 국가'의 공적 폭력을 어떻게 하면 자의적이지 않게 통제할 수 있을까? 국가라는 공권력은 인간의 필요 때문에 만들어졌지만, 잘못 관리되면 너무 위험하기 때문에 정치의 역할을 통해 통제되어야 한다. 그런 국가의 행위를 정당성의 범위 안에 묶어 두는 것이야말로 정치의 가장 큰 역할 가운데 하나이다. 그간 인간이 만든 그 어떤 정치 형태나 정치 이론도 이 문제에서 자유로울 수는 없었다.

(4)　그런 인간의 정치에 대해 말하는 방법은 하나가 아닐 것이다. 군주정 지지자로서 정치론을 펼 수도 있고, 귀족정의 가치를 중심으로 정치론을 말할 수도 있을 것이다. 우주와 천명(天命)의 원리를 세우고 주군(主君) 내지 군신(君臣)의 도리를 따지는 그런 정치관도 풍부한 내용을 갖고 있지만, 이 글에서 필자는 민주정을 지지하는 민주주의자의 관점에서 이야기를 해 보고자 한다.

(5)　민주주의자의 관점만으로 그보다 더 넓은 정치의 세계를 이해하는 것이 충분할 수는 없지만, 적어도 민주주의 정치론과 그렇지 않은 정치론은 구분할 수 있어야 한다고 본다. 좌표나 지도 없이 가 보지 않은 길을 나서는 것이 무모한 일인 것처럼, 우리가 세워 갈 정치론이 어떤 계보나 원리에 의존한 것인지는 이해해야 한다고 보기 때문이다.

(6)   민주주의란 무엇인가? 다양한 방법으로 정의할 수 있을 것이다. 하지만 어디까지나 그 핵심은 '정치에 대한 접근권이 시민 누구에게나 자유롭고 평등하게 열려 있다'는 데 있다. 이는 민주주의가 아닌 정치체제, 예컨대 군주정이나 귀족정의 경우와 비교해 보면 금방 알 수 있는 사실이다. 잘 알다시피 군주정과 귀족정에서는 특정 '혈통'과 '계급'에게만 정치를 할 수 있는 기회가 주어질 뿐, 그 나머지 사회구성원은 피통치자에 불과하다. 민주화가 되어 보통의 일반 시민들도 평등한 참정권을 갖게 되었다고 해도, 대개는 소수의 귀족과 엘리트 들이 정치를 훨씬 더 잘 활용하고 더 우월한 통치 기술을 발휘하곤 한다. 따라서 '체제로서의 민주주의'의 성패는 '주권자로서 시민이 정치를 이해하고 다루는 실력이 느는 것'에 달려 있다고 해도 과언이 아니다.

(7)   요컨대 '정치에 대한 이해를 사회화하고 정치의 기술을 대중화하는 것', 이것이야말로 민주주의를 그 자신의 이상과 가치에 가깝게 실천하는 출발점이 아닐 수 없다.

2   대표 없이 참여 없다

(1)   지난해 총선 직전에 한 청년 모임에 참여한 적이 있다. 그때 이런 반론을 받았다. "우리더러 투표를 하지 않는다고 야단이다. 누구를 찍어야 할지 모르겠는데 왜 무작정 투표하라는 건가. 마음에

드는 정당이 없으면 투표 안 해도 되는 것 아닌가. 투표하라고 강요하는 것도 꼰대 짓 같다." '꼰대'라는 표현에 조금 당황했지만, 경청할 대목이 있다는 생각이 들었다. 선택할 대안이 없다면 투표의 욕구는 떨어질 수밖에 없는데, 그 점을 고려하지 않고 참여만 요구하는 것의 한계를 잘 말해 주었기 때문이다.

(2) 이탈리아 출신의 노르베르토 보비오(Norberto Bobbio, 1909~2004)라고 있다. 법학을 전공했지만, 사상가라고 해도 손색이 없을 그는 젊은 시절 파시즘을 경험하면서 정치사상에 깊은 관심을 보였고, 훗날 민주주의에 관한 여러 고전적 저술을 남겼다. 사회주의자였지만 자유주의의 가치에 대해 그 누구보다 강력한 옹호자의 역할을 했던 것으로 유명하다. 그의 말 가운데, "민주주의란 투표할 수 있는 체제가 아니라 어디에 투표할지에 대한 딜레마를 해결해 주는 체제"라는 정의가 생각난다. 투표는 북한도 중국도 한다. 투표율도 무척 높다. 그러나 '다른 선택이 배제된 높은 참여'는 민주주의와 관련이 없다. 보비오가 단호하게 말한 요점은, 투표에 대한 참여보다 정치적 대안을 조직할 자유가 먼저이며, 그런 대안이 의미 있는 복수로 존재해야 투표 참여가 가치를 갖는다는 데 있다.

(3) 인간의 의식은 그가 처한 조건의 영향을 크게 받는다. 그런 점에서 '선호는 기회의 함수'라는 말은 간명한 진실을 담고 있다. 시민이 바른 의식을 갖고 참여하면 된다고 말하는 사람이 많은데, 그것만으로는 부족하다. 시민 1백 명에게 식비를 주고 자유롭게

음식을 선택하게 한 다음, 그 결정에 따라 그들의 음식 선호를 판단하기로 해 보자. 그런데 선택할 수 있는 메뉴에는 짜장면만 있고, 기껏 차이는 돼지고기를 볶아 넣었는지 아니면 오이를 썰어 올렸는지 정도라고 해 보자. 결과적으로 10명이 오이를 올린 짜장면을 선택하고, 나머지 90명은 돼지고기를 올린 짜장면을 선택했다면, 모두가 중국 음식만 좋아하며 그 가운데 90퍼센트가 채식을 싫어하는 육식주의자라고 해석할 수 있을까? 민주 정치의 상황 역시 이와 유사한다. 다양한 메뉴가 존재하는가가 음식을 선택하는 행위의 가치를 결정하듯, 참여의 조건이 편향적인 상황에서 개별 시민들의 선호를 모은다고 해서 그것이 민심이 될 수는 없다는 말이다.

(4)　민주 정치에서 민심이란, '어딘가에 객관적으로 존재'하는 것이 아니다. 민심이 그런 것이라면 과학적인 여론조사 기법을 개발해 잘 조사하고 반영하면 될지 모른다. 소비자의 선호를 주어져 있는 것으로 가정하는 시장 경제의 원리에서라면 그럴 수 있다. 하지만 그런 '소비자 주권'과 민주주의가 기초를 두고 있는 '시민 주권'은 매우 다른 원리로 작동한다. 민주주의에서 시민의 선호와 그것의 집합으로서 민심은 긴 정치의 과정을 거치면서 형성되고 그 끝에서 권위적으로 해석되는 것을 의미한다. 여기서 '권위적'이란 뜻은 공동체 전체에 부과되는, '구속력 있는 결정'에 필요한 정당성의 요건을 말하는데, 민주주의에서라면 복수의 정치 세력이 경쟁적으로 민심을 얻고자 노력하는 것이 전제되어야 하고, 그것을 통해 다수 시민의 의견이 심화되고 변화될 수 있는 과정이 있어야 한다. 그런 요건을 만족시키지

못하면 구속력 있는 공적 결정은 내려질 수도 집행될 수도 없다. 여러 대안 가운데 특정 대안이 승자가 되는 것을 수용할 수 있는 합당한 과정이 없다면 누가 결과에 승복하겠는가.

(5) 많은 사람들이 민주주의를 곧 시민 참여와 동일시하면서, 어떻게든 참여를 늘리는 데 열정을 집중하는 경우가 많다. 민주주의가 시민 참여에 기초를 둔 체제인 것은 틀림없는 사실이지만, 참여만으로 민주주의가 이루어지는 것은 아니다. 참여가 늘어난다고 해서 참여의 질이 좋아지는 것도 아니다. 그보다는 대표의 질이 좋아야 참여의 질도 높아진다. 적극적으로 지지하고 싶은 후보나 정당 대안이 없으면 당신의 시민 주권은 이미 절반쯤 상실된 것이나 다름없다. 그러니 좀 더 다양한 대표가 경쟁에 참여할 수 있도록 법과 제도를 개선하는 일에 관심을 가져야 할 것이고, 좋은 정당과 정치인을 키우는 노력도 해야 할 것이다. 정부가 지출할 예산을 의회가 결정하게 만든 '대표 없이 과세 없다'는 원리만큼이나, '대표 없이 참여 없다'의 원리 또한 중요한 것이 민주주의다.

3 정치의 핵심으로서 통치론

(1) 정치의 중심 질료가 통치와 권력의 문제에 있다는 내용을 말하는 자리에서 강한 반대에 직면한 적이 있다. 그런 '사악한 정치론' 말고 시민의 각성과 정의감을 고취하는 '선한 정치론'을 말해야 하지

않느냐는 것이었다. 시민만 깨어 있다면 모든 것이 해결될 텐데, 혹은 깨어 있는 시민 백만 명만 모으면 모든 것을 다 바꿀 수 있는데, 왜 자꾸 통치나 권력의 문제를 말하느냐는 항변이기도 했다. 그러나 통치와 권력의 문제를 빼고 정치의 문제를 이해하기는 어렵다는 말을 다시 강조해야겠다. 괴롭지만 그것이 인간의 정치가 감당하지 않으면 안 되는 일이기 때문이다.

(2) 정치학의 출발은 통치(government)가 얼마나 가치 있는 일인지를 자각하는 데서 비롯되었다. 아리스토텔레스는 잘 통치하고 또 잘 통치받는 것을 이상적 정치 상황으로 보았다. 이는 민주주의에서도 다르지 않았다. 통치에 참여해 공동체를 다스려 보는 일은 공적 윤리 가운데 으뜸으로 여겨졌다. 타자를 다스린다는 것과 스스로를 통치한다는 것이 서로 배타적이지 않음을 인식한 이들은 민주주의자들이었다. 현대 민주주의가 통치 참여를 더 이상 시민의 의무로 삼고 있지 않다 하더라도, 여전히 좋은 정부와 좋은 통치자를 선출하는 것이 정치의 중심 문제인 점은 변함이 없다.

(3) 자연과학자들의 연구 내지 관찰의 대상이 '자연'인 것처럼 정치철학자들 역시 '정치적 자연'에 대해 고찰했다. 정치적 자연의 문제는 '질서의 부재'를 말하는 것이었고 따라서 어떻게 하면 그런 무질서에서 벗어나 조화로운 정치적 우주를 만들 수 있을까를 생각했다. 통치는 곧 공동체에 대한 사랑 내지 충성과 병행되는 의미를 가졌고, 다른 무엇보다도 정치적 관계의 망이 해체되고

제임스 매디슨

(James Madison, 1751~1836)

미국의 네 번째 대통령으로서보다는 '미국
헌법의 아버지'로 더 유명하다. 그는 지금도
헌법 해석에 가장 큰 영향을 미치고 있는
「연방주의자 논설집」(Federalist Papers)을
3분의 1 이상 작성했다. 미국 수정헌법의
첫 열 개 조항의 작성 책임을 맡았기
때문에 '권리장전의 아버지'라고도 불린다.
정치이론가로서 그는 견제와 균형의 원리
위에서 새로운 공화국이 세워져야 한다고
믿었다. 국가 권력을 그 기능에 따라
입법, 사법, 행정으로 나누어 제도화한
'3권분립론'은 사실상 매디슨의 독창적
역할에 힘입은 바 크다. 1791년, 매디슨은
재정부 장관 알렉산더 해밀턴과 결별하고
연방주의자의 핵심 정책인 중앙은행 설립에
반대하며, 토머스 제퍼슨과 함께 그들이
민주공화당이라 부른 미국 최초의 정당을
창립했다.

충성의 유대가 깨졌을 때를 정치철학자들은 두려워했다.
근대 사회계약론자들이 자연 상태에 대한 가정을 통해 정치적 질서의
체계를 구축하려 한 것도 같은 의미를 갖는다. 현대 민주주의의
정초자 가운데 한 사람인 제임스 매디슨* 역시 "먼저 통치가
가능해야 하고 그 뒤 통치의 자의성을 제어해 가는 것"이 인간 사회를
정치적으로 조직하는 기본 원리라고 생각했다.

(4) 고대 정치철학자들이 목적으로 삼은 것은 좋은 정체(politeia), 즉 '질서 잡힌 사회'(well-ordered society)였다. 어떤 정치이론가도 무질서를 제창한 적은 없다. 질서는 목적을 가진 인간들의 삶을 가능케 하는 평화와 안전의 조건을 말하는 것이었다. 개인의 좋은 삶은 정치 공동체의 좋은 질서 없이 불가능했고, 그런 질서는 소극적인 의미에서 삶을 보호하는 것부터 적극적 의미에서 자유를 향유하는 데 이르기까지, 좋은 것들로 이루어진 체계였다. 그런 공적 질서 속에서 공적 참여와 자기실현을 추구해야 한다고 생각했다. 플라톤조차 "신이 목자(통치자)였을 때는 그 어떤 정체도 없었"지만, 인간이 스스로 공동체를 이끌어야 했을 때 직면하게 된 상황과 대응책을 다음과 같이 비유적으로 말했다. "제우스는 전체 인류가 전멸할 것을 두려워하게 되었으며, 그리하여 헤르메스를 그들에게 보내어 도시에 질서를 부여하는 원리 및 우애와 화해의 유대로서 존중과 정의를 전달하게 했다." 요컨대 질서를 가져오는 원리를 터득하고 공유하지 못하면, 어떤 정치 공동체도 파멸할 수밖에 없다는 것이다. 아마도 법 없이 살 수 있는 선한 사람이 있을 것이다. 그러나 법 없이 유지될 수 있는 사회나 국가는 없다. 아니 더 나아가, 법 없이 살 수 있는 사람도 법이 제 기능을 할 때에만 나올 수 있는지 모른다. 통치나 법, 권력, 질서가 선용되는 사회가 되어야 개개인들이 선한 삶을 살 수 있는 여지도 커진다는 것, 이것이야말로 인간의 정치가 서 있는 기초 원리가 아닐 수 없다.

(5) 근대 자유주의는 개인 삶이 정치 질서와 큰 관련이 없다는, 사고의 대전환을 가져왔다. 그러면서 정치적 인간에 대해 매우 냉담한

몽테스키외
(Charles De Montesquieu, 1689~1755)

프랑스 계몽 시대의 정치사상가이자 법학자. 프랑스 혁명 지도자들에게 큰 영향을 미쳤다. 그는 영국의 정치체제와 로크의 영향을 받아 절대군주제를 비판하면서, 국가의 기원과 법의 본성을 설명하고자 했다. 군주제를 입헌주의의 기초 위에 세우고자 하면서, 국가 권력 내부의 견제와 균형의 원리를 구상한 것으로 유명하다. 흔히 몽테스키외를 제도주의자로 이해하는 경우가 많은데, 그는 제도가 갖는 법-형식적 측면보다 해당 사회의 풍토와 문화를 더 중시했다. 다시 말해 나라마다의 법과 제도는 그 나라의 지리적 특성 내지 사회적 정신 구조에 의해 규정되기에, 제도나 법이 나라마다 다르고 같은 제도라도 다른 효과를 낳을 수밖에 없다고 본 것이다. 다른 나라의 좋은 제도를 가져온다고 해서 그 효과가 보장되지 않는다고 보았다는 점에서, 역설적이게도 그는 제도주의 내지 제도만능주의에 대한 가장 강력한 비판자 가운데 한 사람이라고 할 수 있다.

몽테스키외의 『법의 정신』

존 로크 (John Locke, 1632~1704)
잉글랜드 왕국의 정치사상가. 자유주의
사회계약론의 이론적 기초를 닦은
것으로 유명하다. 그의 저서들은
볼테르와 루소에게 영향을 주었으며,
미국 혁명뿐만 아니라 여러 스코틀랜드
계몽주의 사상가들에게도 깊은 영향을
미쳤다. 그의 영향은 미국 독립선언문에
반영되어 있다. 그는 국가권력이 자연권의
안전보장을 위하여 사회계약에 의해서
발생했다고 보았다. 따라서 국가의 역할이
이 최소한의 안전보장을 넘어서는 것에
대해 비판적이었다. 국가 주권 역시 계약에
의하여 시민이 신탁한 것으로 보았기에
잘못된 통치에 대한 저항권의 개념도 나올
수 있었다. 한마디로 말해 명예혁명(1688)을
전후한 시기에 영국 시민계급의 열망을
대변한 정치사상가라고 할 수 있다.

반응을 보였지만, 그들 역시 정치적 질서와 통치를 무시할 수는
없었다. 『법의 정신』을 저술한 몽테스키외*는 자연 상태에서의 인간
행동은 연약함에서 비롯되지만 사회생활을 하자마자 자연 상태에서의
평등은 사라지고 전쟁 상태가 개시된다고 보았기에 법의 지배(rule
of law)와 견제·균형(check and balance)의 원리를 구상하지 않을 수
없었다. 정치적 지배는 공동체의 모든 구성원에 의해 공유되는 일반
이익과 관계되어 있고, 정치적 권위는 사회의 이름으로 표명된다는
점에서 다른 형태의 권위와 구분된다는 생각을 존 로크*는 마지못해
인정했고 장 자크 루소*는 열정적으로 지지했다.

루소(Jean Jacques Rousseau, 1712~1778)

프랑스의 철학자이자 소설가. 프랑스
혁명의 사상적 지주였다고 할 수 있다.
그는 어떻게 하면 개개인이 충분한 정치적
자율성을 보장받는 동시에 공동의 목적에
충실한 정치사회를 만들 수 있을까 하는
문제를 탐구했다. 개인적 자유와 평등에
기초를 두면서도 공공선이 실현될 수 있는
사회를 만드는 문제가 그의 관심사였다.
그가 제시한 핵심 개념은 '일반의지'(volonté
générale)이다. 이는 공공선을 개개인의
의지를 취합한 것으로 보는 게 아니고,
그렇다고 전체의 의지도 아닌, 구성원
모두가 지향해야 할 약속으로 이해하는
것을 말한다. 그의 정치사상을 전체주의를
정당화하는 이론이라거나, 혹은 현대판
직접 민주주의의 이론으로 해석하는 경우도
많은데, 이는 과도한 단순화라고 할 수
있다. 『사회계약론』 이외의 책에서 그는
일관되게 대의제를 지지했고, 법을 만드는
입법부와 이를 집행하는 행정부의 역할이
분리되어야 함을 강조했다. 시민 문화를
이끌 입법자의 역할도 강조했다. 사나운
시민성은 사나운 통치의 산물이라는 점도
빼놓지 않고 지적했다. 한마디로 말해
개인의 자율성과 공적 권위 사이의 이론적
긴장과 균형의 문제는 여전히 루소에게도
존재하는 중심 테마가 아닐 수 없다.

(6) 정치적 인간에 대한 이해에 있어서 마키아벨리의 기여는 특별하다. 무엇보다도 그의 가장 큰 기여는 인간의 정치에서 갈등의 역할을 적극적으로 인정한 점에 있지 않나 싶다. 마키아벨리 이전의 정치학 내지 정치철학은 일종의 '갈등 극복론' 같은 것이었다. 갈등과 이를 불러일으키는 파당은 부정되어야 했고 정치는 그런 갈등 없는 공동체를 만드는 문제로 이해되었다. 그러나 인간의 삶에서 갈등과 싸움은 없앨 수가 없다. 따라서 '갈등 없는' 공동체가 아니라 '갈등에도 불구하고' 자유와 번영이 가능한 공동체를 구상해야 했다. 애덤 스미스와 함께 스코틀랜드 계몽주의를 대표했던 데이비드 흄 (David Hume, 1711~1776)은 갈등의 원천인 열정(passion)과 야심 (ambition), 파당(faction)은 없앨 수 없다고 말했다. 제임스 매디슨은 그런 야심과 파당은 인간의 정치적 본성에서 비롯되는 것이기에 이를 없애려는 것은 인간의 자유를 억압하는 일이라고 보았다. 따라서 문제의 핵심은 파당을 없애는 것이 아니라, 파당이 만들어 내는 부정적 효과를 어떻게 다룰까에 있음을 강조했다. 매디슨의 결론은 무엇이었을까? 선동에 취약한 소규모 사회에서라면 파당의 파괴적 효과를 막을 수 없겠지만 일정한 규모 이상의 정치 공동체에서라면 '대표의 원리'를 통해 파당의 유해함은 해결될 수 있다는 것이다. 이 점은 중요하다. 좋은 정치는 시민들의 숫자가 크지 않은 작은 공동체에서 실현될 수 있다고 믿었던 기존 정치사상의 전통과 단절하고, 어느 정도 규모가 커서 사회의 다원적 이익과 갈등 들이 서로를 견제할 수 있을 때 오히려 더 나은 정치공동체의 전망을 가질 수 있음을 공개적으로 주장하고 나섰기 때문이다.

(7)　갈등과 질서를 배타적인 것이 아닌 상호 의존적이고 변증법적인 것으로 이해하는 것이야말로 근대 이후 정치철학이 이뤄 낸 거대한 전환이었다. 정치는 갈등의 원천이기도 하지만 동시에 갈등의 해결과 재조정을 촉진하는 활동 양식으로 이해되었다. 변화와 안정, 공적인 것과 사적인 것, 질서와 갈등 등은 모두 이율배반적인 짝이자 서로가 존재하기 위해 서로가 필요한 것으로 접근되었다. 정치철학의 문제의식도, 개인의 생명과 소유물 또한 공동체를 규율하는 법과 질서 그리고 이를 집행할 정당한 권력 없이 안전하지 못하다는 것에서부터, 잘못된 공적 권력 내지 정당하지 못한 공적 권위라면 어떻게 할 것인가에 이르는 넓은 영역을 포괄하게 되었다. 권력과 통치를 선용하는 문제와 그것 역시 궁극적으로는 억압이고 폭력일 수 있다는 문제 사이의 이율배반적 상황 위에 오늘날의 정치와 정치학이 서게 된 것이다.

(8)　고대나 현대나 어느 시대든 최선의 정치체제에 대한 실천적 고민은 정치철학의 최대 관심사였다. 필자의 다른 책『정당의 발견』 (2015, 후마니타스)에서도 언급했듯이, 좋은 통치 내지 좋은 정부에 필요한 지식 내지 지혜를 찾고자 하는 노력을 고대의 철학자들은 '에로스'(Eros)라고 불렀다. 런던의 다우닝가에 있는 영국 수상 관저의 외벽을 보더라도, 좋은 정부를 위해 요구되는 수많은 지식의 이름이 벽면을 가득 채우고 있음을 볼 수 있다. 다시 말해 좋은 질서, 좋은 정치, 좋은 공동체를 구현하고 그 속에서 좀 더 자유롭고 선한 삶을 살 수 있는 조건을 탐색하는 것이야말로 가장 '에로틱한' 활동으로

여겼던 것인데, 이는 예나 지금이나 다르지 않은 정치가 내지 정치학자의 과업으로 보인다. 보람 있는 삶, 가슴 뛰는 삶, 아름다운 인생을 살 가능성이 더 커진 사회, 그런 사회를 만드는 데 능력을 발휘하는 정치가 어찌 매력 있지 않을 수 있겠는가!

4 공적 영역의 정치화 대 사적 영역의 정치화

(1) 사석에서 정치 이야기 하는 것을 좋아하지 않는다. 정치 문제에 대해 읽고 쓰는 것이 직업인지라, 사적 영역에서만큼은 그러고 싶지 않기 때문이기도 하지만, 어쩌다 이야기를 나누더라도 끝이 좋지 않아서다. 지지 정당이나 이념 성향이 같아도 지지하는 대선 후보가 다르면 더 그렇다.

(2) 정치가 중요하다고 생각한다고 해서 사적 영역에서 정치 이야기를 더 적극적으로 해야 하는 것은 아니다. 정치적 논의는 기본적으로 공적 영역에서 다뤄져야 하고, 시민이 그런 공적 논의에 더 적극적으로 참여할 수 있어야 한다. 사적 영역에서의 정치 토론은 분란만 남길 때가 많다. 정치가 지나치게 특정 인물 중심으로 사유화되는 것도 좋은 일은 아니다. 대표적인 것이 대선 캠프인데, 정당은 보이지 않고 사설 캠프만 두드러지면, 정치가 발휘해야 할 사회통합 기능은 사라지거나 위험해질 수 있다.

(3)   사적 영역의 과도한 정치화와 공적 영역의 반(反)정치적
경향이 동전의 양면처럼 짝을 이루는 현상은 바람직하지 않다.
민주정치의 이상에 반하는 면도 있다. 민주주의란, 일상의 시민적
삶을 분열시키는 사회 갈등을 공적 영역으로 옮겨서 다루는 집합적
기예를 뜻한다. 그런 기능이 위축된 상태에서 자신이 옹호하는
대선 후보에 대한 과도한 애정을 타인에게 강요하게 되면, 공동체는
분열되고 시민들은 서로 깊은 상처를 주고받게 된다.

(4)   2016년 말에 우연히 이른바 '친박 집회'가 열리는 시청역
앞을 지나가다 역 입구에 "군대여 일어나라"라고 적혀 있는 피켓을
보고 상당히 놀랐다. 정치가 대통령 개인의 문제로 다뤄질 때 이런
무서운 말도 쉽게 하는구나 싶었다. 정치 갈등이 '친박–비박–반박–
친문–비문–반문'과 같은 방식으로 전개되면 적대감만 커진다. 이런
상황에서 정당이 갖는 민주적 기능은 발휘될 수가 없다.

(5)   정치철학의 기본 개념으로서 '자연 상태'라는 말을 다시
언급하고 싶다. 이는 '공적 영역에서 정치의 기능이 부재한 상태'이자
'시민들의 일상 속에서 갈등과 차이, 이견이 적나라하게 표출되는
상태'를 의미한다. 토머스 홉스는 그런 자연 상태를 사회구성원 모두가
서로서로를 공격하는 상황으로 묘사했다. 다른 철학자들 역시 안전한
자연 상태는 가능하지 않다고 보았는데, 그렇기에 '코먼웰스'(common-
wealth)라고 불리는 공적 영역을 불러들였고, 이를 관리하는 정치의
역할을 중심으로 공동체의 안녕을 도모하려 했다. 이런 정치 비전에

정면으로 도전한 것이 있다면 단연 파시즘이다. 파시즘은 공적 영역을 폐지하는 대신 한 명의 지도자를 중심으로 사적 공간을 대대적으로 정치화하려는 거대 기획을 핵심 특징으로 삼는다.

(6) 물론 사적 영역을 비정치화하는 것이 처방일 수는 없다. 공적 영역의 활성화가 하루아침에 이루어질 수도 없을 것이다. 그럼에도 불구하고 정치가 특정 인물을 중심으로 한 배타적 지지의 문제로 다뤄지기보다는, 공통의 정견과 가치를 공유하는 정당들이 중심적인 역할을 하는 방향으로 가야 하는 것은 분명하다. 특정 인물이 중심이 된 '친-반' 세력 간의 갈등은 적대적 내전을 부추기는 반면, 정당 간 경쟁은 과도한 갈등이 내전으로 치닫는 것을 완화하는 기능을 한다.

(7) 정당이 중심이 되는 공적 영역이 정치화되어야 하지, 인물 개개인에 대한 선호를 중심으로 사적 영역이 정치화되면 공동체는 분열과 적대의 상처로 견딜 수가 없게 된다.

5 신뢰, 책임, 일관성이 더 중요하다

(1) 누군가의 내면이 어떠하고 그것이 진정한 것인가는 함부로 따져질 수 있는 게 아니라는 사실에 대해서는, 우리 모두 동의할 수 있다고 생각한다. 내면적 진정성은 타자가 따질 수 있는 것이 아니라

각자가 스스로에 대해 늘 다짐하고 다잡아야 하는 것이기 때문이다. 그렇기에 진정성 있는 말이냐 아니냐보다 더 중요한 것, 아니 제대로 따져져야 할 것은 그런 말과 실제 행동 사이의 관계에 있다고 할 수 있다. 민주주의 이론에서는 이 문제를 ① 신뢰성(reliability), ② 책임성(responsibility), ③ 일관성(coherence)의 기준으로 다룬다.

(2)　　신뢰성은 '정책적 주장과 실제 정책 사이의 상관성'을 뜻한다. 달리 말하면 '정책적 주장이 실제 정책에 대한 예측성을 갖는 것'을 뜻한다. 한마디로 말과 행동의 함수관계를 가리킨다고 할 수 있는데, 문제는 그가 매번 자신의 말과 약속을 지키지 않는다면 이 역시 예측의 신뢰성은 있다는 점이다.

(3)　　이에 반해 책임성은 '앞선 정책과 이후 정책의 상관성'을 말한다. 말과 실천 사이의 상관성이 아니라 앞선 실천과 이후 실천 사이의 함수관계를 말하는 것이다. 실제 정책이 시도 때도 없이 변덕스럽게 바뀐다면 책임성이 약한 것이 된다.

(4)　　일관성은 뭘까? 그것은 신뢰성과 책임성의 결과로 정치인이나 정당의 '정책적 주장과 행동이 안정되어 잘 변하지 않는 것'을 가리킨다. 정책적 주장과 행동의 일관성, 앞선 정책과 이후 정책의 일관성이 안정된 예측성을 갖지 못하면, 어느 정당이 공공 정책의 운영권을 가져야 하는지를 둘러싼 시민의 투표 선택은 과도한 불확실성을 동반하는 투기 행위에 가깝게 된다.

(5) 정치가들과 정당들이 오늘은 보수, 내일은 진보로 변신할 수 있다면 무슨 민주주의가 가능하겠는가. 그렇게 되면 '시민이 정당을 선택하는 것이 아니라 정당이 시민을 선택하는 것'이 된다. 결국 우리가 중시해야 할 것은, 마음으로부터 우러나오는 진정성이 있고 없고를 따지는 정치가 아니라, 정치적 말과 실천 사이의 관계 혹은 앞선 정책적 실천과 이후 정책적 실천 사이의 관계가 신뢰성과 책임성, 일관성의 요건을 만족시키는가에 대한 것이 되어야 할 것이다.

(6) 정치가의 내면이 착하고 진정한지를 누구도 투명하게 들여다볼 수는 없는 일이다. 정치가 스스로가 자신을 돌아보며 "그간 나는 오로지 진정했노라!"라고 말한다면, 필자는 결코 그를 신뢰하지 않을 생각이다. 그보다는 "어떻게 하면 정치가가 공적으로 약속한 것을 준수하게 하고 일관된 정책을 추진하게 해서 안정된 정치 이념과 공적 가치를 견지하게 할 수 있을까." 혹은 "그렇지 못할 때 그를 정치적으로 처벌할 수 있는 방법과 체계를 어떻게 만들 수 있을까."를 고민하는 것이 민주적으로 더 유익한 일이 아닐까.

(7) 개인 도덕이 강조되는 사회는 역설적이게도 더 부도덕해진다. 개개인의 도덕성을 요란하게 따지는 동안, 정작 중요한 사회의 구조적인 문제들은 슬그머니 시야에서 사라지기 때문이다. 마키아벨리의 정치관을 긍정적으로 수용했던 막스 베버는 "선한 곳에서는 선한 것만 나오고 악한 곳에서는 악한 것만 나온다는 계율에 따라 행동하는 사람은 누구든 정치적 어린애에 불과하다"고

말한 바 있다. 개인을 확장하면 사회가 되는 것이 아니듯, 개인 윤리와 정치 윤리는 긴장하는 측면이 있다. 그렇기에 정치 윤리가 갖는 특별함은 깊이 사색되어야 할 문제가 아닐 수 없다. 수많은 윤리적 고뇌 속에서 때로 자신의 영혼이 위태로울 수 있음에도 불구하고 공익을 위해 악한 수단조차 담대하게 부여잡아야 할 때도 있다는 것이야말로, 정치라는 분야의 인간 활동이 고뇌 속에서 감수해야 할 도전이 아닌가 한다.

6   철학적 인간 대 정치적 인간

(1)   인간의 정치가 갖고 있는 이율배반성의 문제를 하나 더 살펴보자. 통속적으로 말한다면 그것은 '소통을 잘하면 된다.'는 주장과 '권력을 선용해야 한다.'는 주장 사이의 갈등을 가리킨다. 전자를 '철학적 인간'의 테마라고 한다면 후자는 '정치적 인간'의 테마라고 할 수 있다.

(2)   정치철학의 전통 속에서 현대 정치의 이상적 모습을 모색하고자 한다면 아마도 독일을 대표하는 철학자이자 사회학자, 나아가 저널리스트라고 할 수 있는 위르겐 하버마스*를 피해 갈 수는 없을 것 같다. 그는 '공적 영역(Öffentlichkeit / public sphere)의 위기'라는 주제를 심화시켜 탐구해 왔다. 달리 말해 합리적 토론을 통해 보편적 이익에 대한 사회적 합의를 만들어 갈 수 있는 시민적 공간이

위르겐 하버마스(Jürgen Habermas, 1929~)
현대 독일을 대표하는 철학자이자
사회학자, 심리학자이며 언론인이다. 인간의
이성적이고 비판적인 의사소통 능력을
긍정적으로 평가하며, 합리적 토론을 통해서
보편적 이익에 관한 사회적 합의를 도출할
수 있는, 공적 공간의 가능성을 탐색한
것으로 잘 알려져 있다. 사회구성원들이
국가권력과 경제 권력 앞에서 무기력한
피동적 객체의 지위를 극복하는 문제, 혹은
근대 시민사회의 적극적 구성 주체이자
스스로 국가권력의 정당성 여부를 결정지을
수 있는 주체로서의 지위를 획득하는 문제에
관심을 집중했다고 할 수 있다.
즉, 적극적인 정치 참여자로서 시민들이
서로 동등한 주체로서 공동체의 문제를
자유롭게 토론하던 고대 그리스 민주주의의
의사소통 행위를 그 원형으로 삼고 있는
것이다.

왜 위기를 맞게 되고 어떻게 하면 좋아질 수 있을까를 고민했다고
할 수 있다. 그 핵심은 국가 통제와 경제(자본)의 지배적
영향력으로부터 자율적인 공적 영역 혹은 시민적 공간을 어떻게
복원할 것인가에 있다. 그리고 이는 보편적이고 이성적인 이해에
기초해 합리적 토론을 이끌 비판적 시민으로서 '공중(公衆, 공적 대중,
public/informed citizens)의 형성'을 전제로 한 것이라고 할 수 있다.

(3)   하버마스적인 의미의 공적 영역을 생각할 때마다 파당적 진영 논리나 주관적 열정에 휘둘리지 않는, 어떤 '이상적 대화 상황'이 연상되곤 한다. 혹은 경제적 이해관계나 권력적 효과를 고려하지 않고 오로지 좀 더 나은 판단에 이르기 위해 불편부당한 논의를 이끌어 가는 '이성적이고 합리적인 공적 인간'을 상상하게 된다. 그러한 상황에서라야 복수의 관점이 공존할 수 있는 토론 상황은 만들어지고 지속될 수 있을 것이기 때문이다. 많은 학자들이 지적하듯 하버마스적인 공적 영역이 고대 아테네 민주주의의 이상과 닮아 있다면, 그때의 시민과 정치가는 권력적이고 파당적인 관점으로부터 자유로운 '철학적 인간'에 가깝지 않을까 한다. 최근 우리 사회에서 갑자기 유행하게 된 '소통'이란 용어도 무의식적으로는 그런 비권력적인 이성적 인간을 전제하고 있는 것처럼 보인다. 그런데 정말로 사심 없이 소통을 잘하면 정치적인 문제가 해결될까?

(4)   소통을 강조하는 철학적 인간과는 달리 '정치적 인간'이라는 테마는 훨씬 더 현실주의적이고 투쟁적인 느낌을 갖게 한다. 독일이 낳은 최고의 정치사회학자 막스 베버가 정치를 "권력에 관여하고자 하는 분투 노력 또는 권력 배분에 영향력을 행사하고자 하는 분투 노력을 뜻"하는 것으로 정의했듯이 말이다. 그런 의미에서 정치적 인간이란, 라틴어로 호모 폴리티쿠스(Homo politicus)라는 말에서 느껴지는 것처럼, 훨씬 더 로마 공화정의 전통과 닿아 있고 통치 내지 지배와 같은 강한 주제를 함축하는 듯하다. 아니면 "모든 인간의 일반적 경향, 죽음에서만 멈추는 영속적이고 끊임없이 계속되는

권력 욕구"에 기초를 두고 생명과 안전을 위해 국가라고 하는 '인위적 인간'(artificial man)을 불러들인 토머스 홉스의 문제의식을 생각해 볼 수도 있다. 언뜻 살벌해 보이지만, 사실 이 문제를 회피하고 정치를 제대로 다룰 수는 없다는 것은 분명한 일이다.

(5) 하버마스적인 인간이 권력적 영향력으로부터 벗어나 불편부당한 판단을 가진 시민을 생각하게 한다면, 현실주의 정치철학의 전통은 권력의 문제 때문에 존재하고 따라서 권력 없이 이해하기 어려운 인간의 정치적 본성을 생각해 보게 한다. 분명 정치적 인간이라는 테마는 권력과 지배의 문제에 과도하게 경도될 위험을 갖게 하는 반면, 철학적 인간으로 이루어진 공적 영역의 세계에서는 정치가 차지하는 위치가 애매하다는 한계가 있다. 철학적 인간의 관점을 최대로 확장해 본다 해도, 아마도 그때의 정치는 정당성 내지 규범적 타당성 여부를 판단하는 문제가 거의 전부가 아닐까? 혹은 정치란 것이 공적 영역에서 이성적 논의에 비례해서 정당화되는, 수동적인 차원 이상은 아니지 않을까? 촛불집회 등에서 볼 수 있듯, 우리 사회 진보파들의 정치관도 대개는 이런 차원에 머물러 있을 때가 많다. 그럴 경우 소통에 나서지 않는 국가권력을 규탄하고 항의는 할 수 있지만 단지 거기까지 하고 돌아서면 끝나기 쉽다. 적극적으로 정치에 관여하고 나아가 조직적 주체가 되는 일, 그래서 정치를 민주적 실천의 중심 영역으로 생각하는 일은 소홀히 다루어질 수도 있다는 말이다. 미국의 법철학자 로널드 드워킨(Ronald Myles Dworkin, 1931~2013)은 "정치를 대학원생들이 철학 세미나 하듯 운영할 수는

없다."는 말을 한 적이 있지만, 어떤 관점에서 보든 정치적 인간은
철학적 인간으로 포괄 혹은 대체될 수 없는, 만만치 않은 측면을 갖고
있다는 생각을 해야 한다고 본다. 정치, 인간의 실제 현실에 눈감지
않겠다는 결의 없이는 제대로 대면하지 못한다.

(6)　　인간의 인식과 대화 능력을 어떻게 볼 것인가의 문제도
중요하다. 분명 철학적 인간은 공적 문제에 대한 인간의 인식과 대화
혹은 그러한 인식 및 대화의 능력을 제고하는 문제에 최우선적인
관심을 갖는다. 이를 통해 현실의 정치에서 발견되는 '퇴행의
악순환'을 끊고 조화로운 공동체를 이루는 문제를 탐색하려 한다.
반면 정치적 인간은 공적 문제를 둘러싼 갈등적 상황을 전제하며,
인간의 인식 능력 그 자체에 대해서도 환상을 품지 않는 것을
특징으로 한다. 시민들 모두를 아리스토텔레스로 만들 수 있다고는
생각하지 않으며, 2500년 전 인간의 정치적 인식보다 지금이 더 낫다고
할 수 있을까를 회의하는 태도에 가깝다고 할 수 있다. 기술적인
조건과 환경 및 정보 능력은 계속 발전할 수 있을지 모른다. 하지만
어떤 상황에서도 인간의 정치가 퇴행과 개선을 반복하는 순환적
상황을 벗어나기는 어려울 것이다. 예나 지금이나 인간의 정치가
갖는 고민은 별다르지 않을 수도 있다. 완전함이나 확실성보다는
불완전함과 불확실성 속에서 정치의 미덕을 발견하는 데 만족해야
할지도 모른다. 정치적 인간은 이런 인식론에 근거를 두고 있다.

(7)　　아마도 철학적 인간과 정치적 인간은 상호 배타적이기보다는

인간의 정치가 안고 있는 딜레마적 상황의 두 측면을 표현하는 것인지도 모른다. '공적 문제에 대해 합리적 판단 능력을 갖춘 시민 내지 공민으로 이루어진 정치 공동체', 사실 이것만큼 강력한 정치 비전은 없다. 분명 우리는 이상적 최선에 대한 철학적 모색을 중단할 수 없다. 아니 그럴 수 있을지는 몰라도 그렇게 하여 좋은 삶 내지 정의로운 사회의 형상을 상상할 수는 없을 것이다. 한마디로 그것은 재미도 감동도 없는 삭막한 정치관이 아닐 수 없다. 그러나 이상의 눈만으로 현실의 권력관계와 투쟁, 전쟁, 갈등, 이견을 다루고 헤쳐 나갈 수는 없다. 정치의 현실이 그렇다는 사실을 인정한다고 해서 그것이 정의로운 사회를 만드는 일에 근본적인 장애가 되는 것은 아니다. 갈등과 이견, 차이 등은 좀 더 나은 삶을 살기 위해 우리가 적응하고 개선하고 바꿔 나갈 조건을 말하는 것이고, 정치적 지혜와 이성이 왜 필요한가를 말해 주는 것일 수도 있다. 정치란 인간 현실의 딜레마적 상황 위에서 그 역할이 시작된다고 할 수 있다. 확실한 진리나 과학 위에 정초할 수가 없고, 그렇기에 움직일 수 없는 확고한 이론에 의해 계도될 수도 없다. 그런 불확정성 내지 불확실성 속에서 인간 정신의 위대함이 작용한다는 것이야말로 정치가 갖는 가장 큰 매력이라고 볼 수도 있다는 말이다. 독자 여러분은 어떤가? 이상적이고 완전한 인간 사회를 이룰 수 있다는 목적 혹은 그것을 지향하는 정치 비전을 갖는가? 아니면 그럴 수 없는 인간의 한계를 인정하면서도, 아니 그렇기에 더더욱 많은 고뇌와 노력이 필요하다는 정치 비전을 수용할 것인가?

7   민주적 소명으로서 정치

(1)   인간 사회가 모두 정치로 이루어져 있는 것은 물론 아니다.
정치에 관심을 가져야 하고 참여해야만 도덕적 인간이 되는 것도
당연히 아니다. 세상을 바꾸는 데 있어서 정치나 권력이 필요하지 않을
때도 있다. 정치와 무관한 삶 속에서 내면적 성취에 몰두한 사람이
세상을 바꿀 때도 많다. 2500년 전 아테네의 시민은 정치참여를
의무로 요구받았지만, 그들의 대다수가 공적 참여의 삶을 살았던 것은
아니다. 민회에 참여할 자유가 있었지만 그 자유를 기꺼이 실천하려
한 시민은 20퍼센트 안팎에 불과했다. 그때나 지금이나 인간의 행복은
개인으로서 사적 삶 속에서 구현되는 것이라 하겠다. 모두가 공적
삶에 참여를 강요받는 사회의 그 피곤함을 즐겨 수용한다? 아무리
생각해도 그런 가정은 끔찍한 비현실이 아닐 수 없다.

(2)   그럼에도 불구하고 정치는 중요하다고 말할 수밖에 없는데,
무엇보다도 사회는 개인의 단순한 합이 아니며, 정치 없이 개인성의
터전인 사회는 존립할 수가 없기 때문이다. 대다수 아테네 시민들의
사적 삶도 민회에 참여하는 6분의 1가량의 공적 시민이 존재했기에
가능했다고 말할 수 있다. 정치가 모든 것은 아니다. 정치 참여가
시민됨의 의무로 요구되었던 고대 민주주의와는 달리 직업 정치인의
시대인 현대 민주주의에서는 더더욱 그렇다. 정치가 인간 사회의
미래를 모두 책임질 수도 없다. 정치가 아니더라도 인간 공동체를
풍요롭게 하는 일은 얼마든지 많다. 그러나 공공 정책의 우선순위가
약간만 바뀌더라도 부조리한 사회 현실을 개선하는 데 큰 도움이

된다는 것은 분명하다. 정부 예산의 일부만이라도 다르게 쓰인다면 결핍된 조건을 가진 많은 아이들이 내일의 삶을 스스로 개척하는 것을 도와줄 수 있다.

(3)　정치가 인간을 구원에 이르게 할 수는 없으며 정치를 통해 이상 사회를 만들 수도 없고, 정치의 일상에서 권력·위계·강제와 같은 억압적 요소들을 완전히 없앨 수도 없다. 그러나 아무리 그래도 지지하는 정당이 있고 그 정당이 집권할 수 있을 만큼 실력과 유능함을 발휘할 때, 거기에 기대를 거는 사회적 약자 집단도 무시당하지 않을 뿐만 아니라 다른 사람의 온정에 의존하지 않는 주체적 시민 권력을 행사할 수 있다. 정치는 그것이 우리 삶의 모든 것이어서가 아니라, 그것 없이는 사회도 개인도 존재의 토대를 가질 수 없기에 필요하다. 그렇기에 때로는 열정을 발휘하고 때로는 실망하면서도 좀 더 나은 정치가 가능하기를 바라고 요구하고 주장하는 것이다.

(4)　정치가 최소화된 세계 혹은 정치가 아닌 다른 원리가 정치를 대신하게 된 세계가 있다면 아마 우리는 타락하고 부패했던 교황이 지배했던 중세나, 아니면 나치나 공산주의 같은 전체주의 사회를 떠올릴 수 있을지 모른다. 중세 시대처럼 가장 고결한 종교의 가치를 앞세워 정치의 역할을 대신하려 했을 때, 나치 시대의 독일처럼 가장 순수한 민족성을 실현하고자 하는 세력이 국가를 지배했을 때, 과거 소련처럼 역사 발전에 헌신하는 공산주의 인간형을 만들 수 있다고

보는 당이 사회를 지배했을 때 그것이 가져왔던 비극성은 생각하기도 무서울 정도로 어마어마했다.

(5)   정치는 없앨 수 없고, 또 없앨 수 있다고 생각해서도 안 된다. 괴롭지만 우리가 해야 할 고민은 어떻게 정치를 다뤄야만 인간과 사회를 위해 선한 결과를 가져올 수 있는지에 대한 것일 수밖에 없다. 그러나 인간이 갖고 있는 한계와 가능성을 이해하고 그 기초 위에서 정치가 갖는 긍정성을 말하는 것은 쉬운 일이 아니다. 민주주의 체제라면 어디든 정치를 부패와 부정, 권력 다툼으로 비난하고 정치로부터 사람들을 멀어지게 만드는 반(反)정치주의의 이데올로기가 강력하다. 민주주의를 싫어하는 사람조차 민주주의를 직접 공격하지는 못한다. 적어도 공식 담론의 차원에서 민주주의는 거의 사회적 합의처럼 되었기 때문이다. 대신에 그들은 정치를 야유하고 정치인을 비난함으로써 민주주의의 권능을 무력화시킬 수는 있다. 가난한 보통의 시민들이 정치를 멀리하게 해야, 자신들에게 유익하도록 정치를 독점할 수 있기 때문이다.

(6)   겉으로는 늘 정치와 정치인을 부정적으로 말하고 비난하면서 실제로는 가장 정치적이고 투표도 열심히 하고 정부 정책이나 예산에 민감하게 반응하는 사람들은 누구인가? 민주주의를 탐탁지 않게 생각하는 부자 시민들이다. 가난한 시민들도 정치를 적극적으로 활용할 수 있는 민주적 수단이자 무기로 이해하는 생각이 자리 잡지 않으면 달라질 것은 많지 않다. 그럴 경우 민주주의라는 말은

무색해진다. 여전히 정치는 기성 질서를 운영해 온 사람들만의 놀이터로 남을 것이기 때문이다.

(7) 정치를 가난한 시민으로부터 떼어내고 기성 질서 운영자들의 전유물로 만들 수도 있고, 비록 도덕적으로 수많은 문제와 모순을 갖고 있지만 좀 더 나은 사회적 삶을 위한 시민의 유익한 도구로 만들 수도 있다. 이 선택을 둘러싼 갈등이야말로 우리 사회에서 민주주의의 향배를 결정할 가장 중요한 문제가 아닐 수 없다.

• • •

(1) 인간은 불완전한 존재가 아닐 수 없다. 선하게만 살 수 있는 천사가 아니고, 극복할 수 없는 인간적 한계도 많다. 해결할 수 없는 윤리적 딜레마와 함께 살아갈 수밖에 없는 존재라고도 말할 수 있다. 하지만 그러면서도 놀라운 의지와 정신 활동을 통해 자신의 역사를 만들어 온 유일한 유기체이기도 하다.

(2) 권력을 포함해 정치의 거의 모든 요소들이 이율배반적인 성격을 갖고 있다. 인간 행동을 규제하는 강제적 성격도 있지만 뭔가 의미 있는 것의 성취를 가능케 하는 적극적 측면도 갖고 있다. 그렇기에 어떻게 이해하느냐에 따라 정치는 가장 더럽고 추한 세계가 될 수도 있고, 반대로 가장 인간적이고 보편적인 세계가 될 수도 있다. 당신은 어떤 정치를 바라는가? 그 선택의 일부는 이제 독자들의 몫이기도 하다.

(3)   이제 가장 다루기 어려운 주제이자 대개 야유의 대상이기도 한 '정치가라는 인간'에 대해 이야기를 시작할 차례인데, 벌써부터 긴장이 된다.

정치가,
그 슬픈 영웅을 위한 변명

현실의 민주주의가 대개는 정치가를
둘러싼 갈등으로 이루어짐에도 불구하고,
민주주의의 미래 역시 누가 공동체를
이끌 지도자인가를 둘러싼 질문으로
표현됨에도 불구하고, 왜 정치가에 대한
대부분의 논의는 행태론이나 품성론에
그치고 마는가? 왜 민주적 정치가론은
없거나 혹은 빈약하기만 할까? 정치가에
대한 이야기를 비민주적 인치론(人治論)
으로 치부하면서 시스템이나 제도를 강조
하는 우리 사회의 지배적 담론은
민주정치에 대한 제대로 된 이해라고
할 수 있을까?

1 직업으로서의 정치

(1)   이제 마지막 주제로서 '왜 정치가의 문제를 진지하게 다루지 않으면 안 되는가?' 하는 질문을 생각해 보고자 한다. 먼저 '정치가는 누구이고 민주주의는 왜 정치가를 필요로 하는가?'에 대한 이야기로부터 시작해 보자.

(2)   민주주의를 여러 방법으로 정의할 수 있는데, 그 가운데 하나는 '정치를 하는 일이 직업이 되는 체제'라고 할 수 있다. (독일을 대표하는 정치사회학자) 막스 베버의 표현을 빌려 말하면, '민주주의란 경제적 생계를 정치에 의존해서 사는 사람들에 의한 통치체제'라고도 할 수 있다. 정치가 직업이 된다? 그것도 생계형 직업이다? 많은 사람이 이를 부정적으로 생각하는 게 현실이다. 그런데 그게 민주주의라고? 이 대목에서 당황해할 사람이 분명 있을 것이다. 그러나 이게 이해되지 않으면 민주주의는 사실 허상이 되고 만다.

(3)   19세기 초에 시작된 영국의 차티스트운동*이라고 있다. 중고등학교 교과서에는 재산이 없는 노동자들에게도 보통선거와 비밀선거를 할 수 있게 해달라는 참정권 운동으로 서술되어 있다. 그런데 그들이 요구한 게 또 있다. 그것은 '시민의 대표들에게 세비를 줘야 한다.'는 것이다. 이에 대해 정치란 공익에 봉사하는 일인데 그 대가로 돈을 달라고 한다며 비난하고 나선 것은 귀족정 지지자들이었다. 귀족정이란 뭘까? 가문을 대표하는 가장 뛰어난

CHARTIST DEMONSTRATION!!

"PEACE and ORDER" is our MOTTO!

TO THE WORKING MEN OF LONDON.

Fellow Men,—The Press having misrepresented and vilified us and our intentions, the Demonstration Committee therefore consider it to be their duty to state that the grievances of us (the Working Classes) are deep and our demands just. We and our families are pining in misery, want, and starvation! We demand a fair day's wages for a fair day's work! We are the slaves of capital—we demand protection to our labour. We are political serfs—we demand to be free. We therefore invite all well disposed to join in our peaceful procession on

MONDAY NEXT, April 10,

As it is for the good of all that we seek to remove the evils under which we groan.

The following are the places of Meeting of THE CHARTISTS, THE TRADES, THE IRISH CONFEDERATE & REPEAL BODIES:

East Division on Stepney Green at 8 o'clock; City and Finsbury Division on Clerkenwell Green at 9 o'clock; West Division in Russell Square at 9 o'clock; and the South Division in Peckham Fields at 9 o'clock, and proceed from thence to Kennington Common.

Signed on behalf of the Committee, JOHN ARNOTT, Sec.

차티스트운동 당시 신문 보도

차티스트운동이라는 이름은 1838년 영국 런던의 급진주의자 윌리엄 러벳이 기초한 민중헌장(People's Charter)에 따른 것이다. 민중헌장은 6개의 요구 조항을 담고 있는데 남성의 보통선거권, 균등한 선거구 설정, 비밀투표, 매년 선거, 의원의 보수 지급, 의원 출마자의 재산자격제한 폐지 등이다. 이런 내용으로 1838년, 1839년, 1841년, 1848년 차티스트 대회가 개최되어 의회에 청원서를 제출했으나 번번이 묵살당했고, 대부분의 지도자들은 체포, 추방되었다. 1850년대 들어와 운동의 명맥은 유지했으나 전국적 차원의 운동으로는 에너지를 잃고 점차 사라졌다. 크게 보아 이 운동은 자본주의 산업사회에 편입된 노동자들이 사회적 불의에 대항했던, 영국 최초의 전국적인 노동계급 운동이었다고 할 수 있다. 운동은 실패했는지 모르나, 그 과정에서 많은 노동운동 활동가들이 성장했다. 뿐만 아니라 그들이 내건 6개 조항의 요구 조건 역시 시간이 지나면서 모두 실현되었다.

사람을 정치에 내보내고 그를 위한 활동비를 가문 안에서 걷어 주는 것을 말한다. 그들은 정치를 귀족으로서 공적 의무를 다하는 일이자 그 비용 역시 자신의 가문이 감당해야 할 당연한 일로 여겼다.

사실 우리나라 주류 언론들을 포함해 많은 사람들이 '이렇게 해야 하지 않나?'라고 생각하는 듯하다. 정치를 해서 돈 받을 생각하지 말고, 각자 자기 직업이 있는 사람들이 부업처럼 정치에 봉사한 뒤 임기를 마치면 다시 자기 일로 돌아갔으면 하고 말이다. 그런데 이건 민주정의 원리가 아니라 귀족정의 원리다.

(4) 귀족이 아닌 보통의 평범한 시민 혹은 재산이 없는 가난한 시민의 입장에서 생각해 보자. 그들이 정치에 나선다면 가족의 생계를 책임질 기회를 상실하는 일이 된다. 그들로서는 당연히 자신의 가족을 건사하는 일을 희생하면서까지 정치가의 길을 갈 수는 없다. 그런데 그렇게 되면 민주주의는 될 수가 없다. 비밀선거와 보통선거가 가능해졌다고 치자. 그렇다 해도 결국 그들 스스로의 대표를 보낼 수 없다면, 여전히 귀족과 부르주아 엘리트 가운데 선택하는 일에 불과하기 때문이다. 그렇게 되면 세습적 귀족정에서 선출직 귀족정으로 바뀌는 것에 그친다. 그렇기에 차티스트운동에 나섰던 시민들은 대표에게 세비가 지급되어야만 '누구에게나 자유롭고 평등한 참여와 대표의 권리'가 실현될 수 있다고 보았던 것이다.

(5) 이제 다시 막스 베버의 이야기를 들어 보자. 그는 우선 정치가들이 정치에 의존해 살 수 있도록 세비를 지급하지 않으면 어떤 일이 벌어질 것인지를 질문한다. 어떻게 될까? 그의 대답은 간명하다. 불가피하게 돈 있는 사람들만의 금권정치(plutocracy)가 된다는 것이다. 특히나 돈도 있고 여가도 있는 대부업자, 정치에 참여하는 일이

사업상의 필요와 일치하는 변호사가 늘어난다. 그렇기에 베버는 민주주의를 고상하게 정의하지 않고, '정치가 귀족들이나 돈 있는 사람들의 부업이 아닌 체제', 혹은 '정치를 하는 일이 직업이자 소명이 되는 체제'라고 보았던 것이다. 세비를 준다고 해서 민주주의가 다 되는 것은 아니고, 그 밖에도 민주주의가 발전하기 위해서는 다른 조건들도 좋아져야 하겠지만, 일단은 그게 '민주적 기본'이라는 것이다.

(6) 우리 현실을 돌아 보자. 주류 언론들은 세비를 특권으로 말하고 정치를 직업으로 삼는 사람을 거의 도둑놈이나 건달로 취급해 왔다. 그런 주장이 영향력을 가진 결과 어떻게 되었을까? 한마디로 우리의 민주정치에 거의 재난적 악영향을 미쳤다. 돈 없는 사람 혹은 남의 돈이라도 동원할 수 없는 사람은 정치가가 될 수 없는 환경을 만들었기 때문이다. 중앙 정치는 명망가 엘리트들이 지배한다. 지방 정치에서는 점차 임대업 소득으로 여유를 갖는 사람들이 늘고 있다. 이게 민주주의의 이상과 맞는 일이 아닌 것은 당연하지만, 그 전에 우리의 민주주의가 명망이나 돈만 있지 정치의 기본도 훈련받지 못한 초심자들의 놀이터로 전락한 현실부터가 문제인 것이다. 그래서 다시 강조하건대, 민주주의를 지지한다면 다른 무엇보다도 정치가 생계가 되는 떳떳한 직업이 되어야 한다는 사실을 부정해서는 안 될 것이다. 정당들도 선거용으로 외부의 명망가 영입에만 애쓸 것이 아니라 자신들이 내건 정치적 대의를 실현할 자신들의 정치가를 키워 내야 한다. 돈 없는 가난한 시민들을 보호하고 대표하고자 하는 정당의

가장 큰 특징은, 돈 있는 명망가나 전문가를 영입하는 것이 아니라
스스로 실력 있는 정치가를 키워 내고 그들이 정치를 통해 보람 있는
삶을 영위할 수 있게 해주는 데 있다. 한마디로 말해 정치를 직업으로
삼는 정치가를 양성해 내지 못하는 민주주의, 나아가 그런 정당은
필연적으로 '이미 있는 사회적 불평등 구조의 외피에 불과한 것'이
되고 말 수밖에 없다.

2 정치학자가 정치하는 게 최선 아닐까?

(1)　그렇다면 정치란 무엇이고, 어떻게 하면 좋은 정치적 실천을
할 수 있을까? 정치학을 배우면 잘할 수 있을까? 그렇다고 대답한다면
사실 좋은 정치학자가 정치가의 역할을 하는 것이 최선일 것이다.
과연 그럴까? 아니다. 신기하게도 정치학자 내지 정치철학자라도
정치가로서 성공한 모델을 찾기가 어렵다. 그런 의미에서 플라톤*이
말한 '철학자 왕'(philosopher king)의 비전은 현실이 될 수 없다고 할 수
있다. 좋은 정치를 실현하는 것은 역시 정치가가 감당해야 할 몫이다.
좋은 정치학자나 정치철학자가 있다면 그는 그런 정치의 실재를
관찰하면서 학문적으로 깊이 있게 분석하고 정리해 말하는 것이
자연스럽고 좋은 일이다.

(2)　플라톤도 실제 정치에 관여했었다. 하지만 성과를 내지
못했다. 영국의 정치철학자 앨프리드 노스 화이트헤드(Alfred North

파피루스 『국가론』

9세기경의 『국가론』 필사본

Whitehead, 1861~1947)가 "서양 철학을 정의한다면, 그것은 플라톤에 대한 주석에 불과한 것"이라고 했을 만큼 대단한 그도 시라쿠사 왕국의 초청을 받아 정치 자문을 하러 갔으나 결과는 비참했다. 연달아 두 명의 통치자를 자문했는데도 그랬다. "선생님이 오셔서 이끌어 주시면 선생님이 지향하시는 이상국가를 실현해 보겠습니다!" 이렇게 약속하고 그를 모셔 갔지만, 뜻대로 되기는커녕 음모에 플라톤(Plato, 428/427 혹은 424/423~348/347 BC)은 소크라테스의 제자이자 아리스토텔레스의 스승이다. 기원전 428년경 아테네 귀족 가문에서 태어나 어려서부터 시, 음악, 미술, 희곡 등 다방면에 걸쳐 교양을 쌓았다. 청년 시절 그에게 가장 큰 영향을 준 소크라테스를 만나면서 지적으로 크게 성장했다. 한때 정치적 야망을 품기도 했지만 펠로폰네소스 전쟁 이후 들어선 과두정의 폭정과 그 뒤를 이은 민주정의 행태를 보고 현실 정치에 크게 실망했다. 기원전 399년, 소크라테스가 사형을 당하는 충격적인 사건이 발생했는데, 이 사건으로 그는 정치에 대한 꿈을 접고 철학에 헌신하기로 결심한다. 40세 되던 해 플라톤은 2년간 남부 이탈리아와 시라쿠사 지방을 여행했다. 특히 시라쿠사에서는 플라톤의 열렬한 추종자인 디온을 만나 철인 정치의 이상을 설파했다. 그 뒤 디온의 매형인 참주 디오니시오스 1세와 그 뒤를 이은 디오니시오스 2세의 통치를 자문하러 두 번이나 시라쿠사를 방문해 자문했으나 끝내 철인 정치의 꿈을 이루지는 못했다. 그 뒤 세계 최초의 고등 교육 기관인 아카데메이아를 세워, 정치학은 물론 윤리학, 형이상학, 인식론 등 많은 철학적 논점들에 대해 강의하고 저술했다. 무엇보다도 그는 이상 정치의 이론적 기초를 세우고자 한 것으로 유명하다. 시간과 공간을 초월하는 절대적인 진리로서 이데아론을 제창했고, 현실의 국가 역시 서로 갈등하지 않고 조화롭게 기능하는 유기체가 되어야 한다고 생각했다. 그것이 곧 정의라고 이해했는데, 비록 현세에서 그런 노력이 보상되지 않는다 해도 내세를 통해 영혼은 구원받을 수 있다고 주장하기도 했다.

걸려 한 번은 노예시장에 팔릴 뻔했으며 또 한 번은 죽다 살아나 도망쳐야 했다. 정의로운 이상만 있고 선의만 앞세운다고 해서, 인간의 정치가 안고 있는 갈등, 투쟁, 질투, 음모, 시기 등의 문제가 저절로 사라지지는 않는다.

   (3)   마키아벨리는 정치에 대해 가장 독창적이고 대담한 생각을

개척했던 사람이라 할 수 있다. 정치를 정말로 하고 싶어 했고 실제로도 최고통치자의 보좌역으로 14년간 정치에 참여했으나 결과는 좋지 못했다. 그는 피렌체공화국에서 요즘 말로 외교안보 수석의 역할을 했으나 결국엔 쫓겨나 투옥되어 고문을 당하고 이후 저술가의 생활로 초라하게 삶을 마감했다. 이상국가론을 구상했던 플라톤과는 달리 마키아벨리는 가장 현실주의적인 정치사상을 개척한 사람이지만, 그 역시 스스로 좋은 정치가가 되지도 못했고 또 좋은 정치가를 만들지도 못했다.

(4)　　루소는 프랑스혁명의 사상적 지주였다. 영국의 로크와는 다른 방향에서 사회계약론을 구상했고, 공화주의로 불리는 정치관을 발전시켰으며, 직접민주주의의 원조 격 정치철학자 가운데 한 사람 으로 꼽히기도 한다. 그도 현실 정치에 관여했다고 볼 수 있다. 베네치아의 프랑스 대사 보좌관 역할을 했다. 무슨 일을 어떻게 했는지는 잘 알려져 있지 않지만, 거의 1년 만에 쫓겨나듯 그만둘 수밖에 없었다. 파리에 돌아와서는 밀린 급여를 달라는 소송으로 사교계에 즐거움을 제공한 것이 그가 한 정치적 역할의 끝이었다.

(5)　　막스 베버는 어떤가? 그는 정치가라면 누구나 읽어 보았다고 말하는 『소명(직업)으로서의 정치』의 저자이자, 당대 유럽에서 최고의 지식을 가진 학자로 평가받았다. 그도 정치를 하고 싶어 했다. 그래서 친구에게 자신에게 정치란 (이성적으로는 하면 안 되는데, 벗어날 수가 없다는 의미에서) "비밀 연애 같은 것"이라고 고백할 정도로 강한

열정을 갖고 있었다. 〈프랑크푸르트자이퉁〉이라는 신문에 칼럼도 썼고 현실 정치의 중대 사안이 있을 때마다 자문도 했다. 독일은 1918년 11월에, 우리 식으로 말하면 민주화되었다. 그리고 이듬해인 1919년 1월에 바이마르공화국을 여는 제헌의회 선거가 열렸다. 잘 알려져 있지 않은 사실이지만, 이 선거에 베버도 독일민주당 소속으로 출마를 했었다. 결과는 어찌되었을까? 떨어졌다. 그리고 그 달 말에 뮌헨 대학에 강연한 것이 그 유명한 『소명(직업)으로서의 정치』다. 막스 베버의 동생인 알프레트 베버는 이 강연 내용을 듣고 "이것은 정치에 대한 형의 고별사"라고 말했다. 그리고 그 이듬해 베버는 당시 유럽을 휩쓴 스페인 독감에 걸려 사망했다. 인간의 정치가 이렇다!

(6)   정치에 대해 위대한 저술을 남긴 정치학자들 모두가 실제 정치에 관여해서는 매우 비참한 결과만을 만났다는 사실은 참으로 역설이 아닐 수 없다. 그만큼 정치는 어렵다. 정치학을 많이 안다고 정치를 잘하는 것도 아니다. 그래서 훌륭한 정치학자가 되는 일보다 훌륭한 정치가가 되는 일이 훨씬 어렵고 위대하다고 하지 않을 수 없다. 그렇지만 정치가 혼자만의 판단으로 일을 하는 것보다는, 좋은 정치학자와 대화하면서 정치가로서의 과업을 수행할 수 있어야 한다고 필자는 생각한다. 정치가는 의지와 뜻을 세워 실천하는 존재다. 그렇지만 그런 의지는 말과 설득의 힘을 통해 실현되는 것이고 당연히 좋은 개념과 이론의 뒷받침이 있어야 하기 때문이다.

(7)   정치가와 정치학자는 마치 그냥은 건널 수 없는 강을 사이에

두고 떨어져 있는 존재 같다는 생각을 많이 한다. 서로 떨어져 있지만 소리를 질러서라도 늘 마주칠 수밖에 없는 게 두 직업의 운명 같다. 사실 더 좋기로 말하면 중간 중간에 작은 다리를 놓아 서로의 관점을 존중하면서도, 때로 비판적이고 때로 협력적으로 대화하는 것이 정치 발전은 물론 정치학 발전에도 도움이 된다고 할 수 있다. 하지만 우리 사회의 지배적 여론은 정치학자가 정치에 관여하는 것을 부정적으로 말한다. '정치적인 교수'를 뜻하는 '폴리페서'(polifessor) 말도 그래서 만들어진 것이라 할 수 있다. 물론 정치학자는 일차적으로 학문의 세계에서 학문의 언어로 자신의 역할을 책임 있게 해야 할 것이다. 그렇지만 정치의 현실과 무관하게 정치학을 잘할 수 없다는 것을 강조하고 싶다. '상아탑 속의 정치학' 혹은 '순수 학문으로서 정치학' 이라는 것 자체가 정치학의 애초 이상에 반하는 게 아닌가 한다.

(8)　　플라톤의 『국가론』(*politeia*)에는 아주 재밌는 비유가 실려 있다. 책 말미에 나오는 이야기인데, 대부분의 사람들이 동굴 속에 갇혀 그림자와 환영에만 의존해 사물을 판단한다. '동굴의 우화' 라고도 불리는 이 장면은 사실 편협하고 어리석은 대중들의 독선적 의견에 휘둘리는 민주정을 빗댄 것이기도 하다. 아무튼 그 가운데 한 철학자가 동굴을 벗어나 인간 세상의 참된 지식을 보게 되었다. 그런데 흥미롭게도 그는 동굴 밖에서 참된 삶을 이어 가기보다는 다시 동굴로 돌아간다. 돌아간 그는 사람들에게 자신이 알게 된 참된 지식을 말하며 다르게 살기를 권한다. 그러나 사람들은 모두 그를 정신 나간 사람으로 여겨 모욕한다. 철학자는 핍박받은 상황에

처하게 된다. 왜 철학자는 그런 인간의 현실에 기꺼이 자신을 던지고
또 모욕을 감수하는 선택을 한 것일까?

(9) 플라톤의 책에서 그에 대한 대답을 제공하고 있는 것은
아니다. 정치 공동체에 속해 살아야만 좋은 삶을 살 수 있다는 플라톤
자신의 교리에 따른 것일 수도 있고, 그렇게 현세에서는 핍박받는다
해도 내세에서 그의 영혼이 구원받을 것이라고 생각했을 수도 있다
(실제로 그의 책 『국가론』은 그 유명한 '영혼불멸설'로 끝난다). 아니면
자기보다 못한 통치자에 의한 통치를 관용할 수 없어서 그랬을 수도
있을 것이다. 혹은 앞서 말한 대로 대중의 헛된 의견들에 휘둘리는
민주주의를 좀 더 극적으로 비판할 목적으로 만든 '억지 이야기'라고
할 수도 있다. 어찌되었든 필자는 이 사례가 정치를 학문과 연구의
대상으로 삼는 정치학자의 위태로운 처지를 잘 말해 주는 것 같다는
생각을 한다. 분명 정치학자로서 현실 정치에 관여하는 일은 모욕을
받을 만한 일이 되기 쉽다. 하지만 그렇다고 안 할 수도 없고
또 보상이 전혀 없는 것도 아니다. 정치라는 인간 활동이 얼마나
복잡하고 풍부한 세계인가에 대한 뼈저린 자각을 가져다줄 수도 있다.
학문적으로는 자신의 정치학을 더 풍부하게 다지는 계기로 삼을 수도
있다. 선택은 각자의 몫이지만, '현실에서 벗어난 안전한 학문으로서
정치학'보다 '현실 속의 위험한 정치학'을 필자는 더 가치 있다고 본다.
그게 정치학답다고 보기 때문이다. 정치학자가 정치가가 될 수 없고
정치가 역시 정치학자가 될 수는 없는 일이지만, 서로 떨어질 수도
없기에 서로의 존재 가치를 인정하면서, 때로는 비판적으로 때로는

협력적으로 상호작용하는 것, 그것이 정치이고 정치학이라고 필자는
생각한다. 정치학(자)의 서글픈 운명이여!

3 본질적으로 정치는 예측할 수 없다

(1) 이제 본격적으로 정치라는 인간 활동이 갖는 특징을
살펴보자. 우선 정치의 상황을 포착하는 일은 어렵다. 뭔가 알게
되었다 싶으면 손에서 모래가 빠져나가듯 금방 새로운 상황이 도래해
앞선 지식이나 정보를 무용지물로 만드는 것이 정치다. 정치의 미래를
예측하는 것도 너무 어렵다. 정치를 어떻게 다뤄야 하는지에 대해서도
체계화하기 어렵다. 한마디로 말해 정치란 교과서를 만들 수 없는
분야다. 경제(학)와 비교하면 금방 알 수 있다.

(2) 경제학은 제한된 자원 속에서 최소 비용으로 최대 수익을
얻고자 하는 행위자를 전제로 한다. 그리고 그들의 경제 행위를
제약하는 수요와 공급, 가격 메커니즘에 의한 조정을 논리적으로
확장해 설명하는, 가정과 연역의 체계에 기초를 두고 있다. 따라서
늘 교과서가 있고 그런 교과서를 배우지 않고는 경제를 논하거나
다룰 수 없다. 학문으로서의 경제학과 실물로서의 경제 모두 예측이
핵심이다. 예측의 기반을 갖추지 못한 채, 환율 정책이나 이자율
정책이 결정된다고 해 보자. 자칫 공적 자산을 탕진할 수도 있고
경제적 혼란을 감수해야 할 수도 있다. 실제로 1997년에 한국 경제를

대위기에 빠뜨린 'IMF 사태'는 외국자본의 급격한 유출을 예측하지 못하고 외환보유고를 잘못 관리한 결과였다고 말할 수 있다. 경제학 이론에 제아무리 정통하고 실물 경제를 잘 안다 해도 그런 예측이라는 것이 당연히 맞지 않을 때가 많지만, '예측적 처방'이 경제(학)의 핵심인 것은 틀림없는 사실이다. 반면 정치학은 연역의 체계를 세울 수 없고, 따라서 교과서를 쓸 수가 없으며, 아무리 많은 정보와 변수를 통제해도 예측이 잘 맞지 않는다. 필자의 경험으로 볼 때, 정치학자든 정치 전문가든 그들이 하는 예측은 거의 틀린다. 그런데도 그런 일을 함부로 하는 정치 전문가들이 있는데, 정치의 본질에 맞지 않는 일을 한 셈이니 무모한 사람이거나 혹은 그런 일을 경솔하게 하는 것을 참지 못한 것이니 인격적으로 결함 있는 사람일 가능성이 높다.

(3)   1998년에 김대중 정부가 들어섰을 때 대통령 자문기구에 연구원으로 1년간 참여한 적이 있다. 그때 청와대에서 정치 개혁 보고서를 만드는 일을 도왔다. 그러면서 회의에 참여하는 정당의 정무 담당 기획자들과 정치 전문가들을 많이 볼 수 있었다. 당시 내 눈에 그들은 정치에 대해 모르는 게 없는 사람들 같았다. 모든 정치 세력들의 전략적 행동을 예측하고 대응 전략을 이야기했다. 최선의 제도 대안, 최선의 실천 전략에 대한 주장도 분명했다. 당시 필자는 박사과정을 수료한 상태였으니 정치학이라는 학문을 정식으로 교육받았다고 할 수 있었지만, 그들을 보면서 필자가 정치에 대해 아는 게 뭔가 하는 자괴감이 들었다. 그런데 나중에 알게 된 것은 그렇게 해서 만들었던 수많은 정치 개혁 보고서들 가운데 무엇 하나도

현실로 실현된 것이 없다는 사실이다. 정당의 핵심 활동가든 정치 전문가들이든 누구의 예측도 실제 현실이 되지 못했다.

(4)　정치가 갖는 불가 예측성 내지 가변성을 마키아벨리는 포르투나(Fortuna, 운명의 여신)*로 개념화했다. 서양의 신화에서 눈을 가린 여신은 법의 여신과 운명의 여신, 둘이 있다. 법의 여신은 공평무사하기 위해 눈을 가렸지만, 운명의 여신은 눈 감고 칼을 휘두르는 존재처럼 누구도 통제하기 어려움을 나타낸 것이다. 마키아벨리는, 정치란 변덕스러운 운명의 힘이 작용하고 그 속에서 (비르투virtù라고 불리는) 적극적 의지와 신념을 가진 인간이 싸워 가는 세계라고 이해했다. 베버 역시 정치의 본질은 합리적으로 이해되고 분석되기 어려운 것이라고 생각했다. 민주정치 역시 그렇다고 생각했다. 그는 권위 내지 지배의 유형을 전통적 유형, 합리적 유형, 카리스마적 유형으로 분류했는데, 흥미롭게도 민주정치의 본질을 합리적 권위의 유형이 아닌 카리스마적 권위의 유형에 있다고 봤다. 합리적으로 설명, 예측되지 않는 정치의 본질을 말하기 위해 신화에서 카리스마라는 개념을 빌려 왔다. 혹자는 베버의 카리스마 개념을 통속적으로 해석해서, 남성적이고 웅변적인 행위로 동일시하는데, 그건 맞는 해석이라고 보기 어렵다. 베버가 사용하는 카리스마는, 누군가 그가 앞장서면 일이 잘될 것 같은 믿음과 신뢰를 주는 사람이 있고 인간의 역사 속에는 그런 사례가 많지만, 그게 누구이고 그게 어떤 리더십 스타일인지 딱히 규정해서 말할 수 없다는 뜻이기 때문이다. 따라서 웅변적이고 극적인 요소를 갖지 않아도,

운명의 여신 포르투나(Fortuna)는 인간의 의지로 통제하기 어려운 '외부의 우연적 힘' 내지 '불확실성'을 가리킨다. 신화적 의미에서 운명은 여신으로 상징되는데, 눈을 가리고 한 손에는 행운의 재물을, 다른 손에는 악운의 칼을 들고 있는 것으로 형상화되곤 했다. 따라서 운명의 여신이 어느 손으로 내려치느냐에 따라, 상서로운 길운을 뜻하기도 하고 정반대로 가혹한 악운에 희생당하는 상황을 뜻하기도 한다. 『군주론』은 그런 정치의 상황 속에서도 좌절하지 않고 목적을 이뤄 가기 위한 정치가의 의지와 역량, 즉 비르투(virtù)에 대해 다루고 있다. 거꾸로 말해 정치가가 그런 의지와 역량을 단단히 갖추지 않는다면 포르투나에 의해 가혹하게 다뤄지고 파멸하게 된다는 뜻이라고도 할 수 있다.

타데우즈 쿤츠의 〈운명의 포르투나〉

혹은 섬세하고 부드러운 요소를 갖고도 얼마든지 사람들을 이끌면서 신뢰를 조직할 수 있다면, 그 또한 카리스마적 권위라고 할 수 있는 것이다. 예를 들어 '엄마 리더십'(Mutti Leadership)이란 말을 듣는 독일의 정치인 앙겔라 메르켈을 보고 카리스마 없는 전통적 권위 유형이나 관료나 법률가같이 차갑고 합리적인 유형의 정치가라고 말한다면 그건 아마 이상한 일일 것이다.

(5)　　정치는 이성적이고 합리적인 측면보다는 희망적 사고와 주관적 열정이 훨씬 더 큰 영향력을 발휘하는 곳이고 그 점에서 인간의 특성을 가장 많이 닮아 있는 영역이라고 할 수 있다. 보편적으로 설명할 수 있도록 체계화하기가 어렵고 따라서 합리적 예측도 잘 들어맞지 않는 세계이기도 하다. 그만큼 이론적 문제로서보다는 실천적 문제로서 접근하는 것이 불가피하고 또 필요한 분야다. 윤리적인 측면에서도 마찬가지다. 예컨대 베버는 정치의 윤리적 기초로서 신념 윤리와 책임 윤리를 말했는데, 그가 위대한 이유는 정치 윤리를 둘로 나눠 유형화한 데 있지 않다. 오히려 그가 진정으로 위대한 이유는 이 두 윤리를 이론적으로 통합하는 것이 불가능함을 말했기 때문이라고 할 수 있다. 좋은 목적으로서 대의와 신념을 추구하는 것과 이를 위해 손에 쥐어야 하는 수단 사이의 관계? 혹은 좋은 신념을 갖는 것과 좋은 결과를 성취하는 것 사이의 관계? 이게 윤리적으로 갈등이나 긴장이 없다면 좋겠지만 그런 경우보다는 그렇지 않을 경우가 많은 게 정치다. 만약 (좋은 의도와 좋은 결과를 이끄는) 이 두 윤리를 이론적으로 통합할 수 있다면, 아마도

정치학자가 정치를 하는 것이 최선일 수 있다. 그랬다면 플라톤의 '철학자 왕' 내지 '철인 왕'의 비전도 진짜 현실이 될 수 있을지 모른다. 하지만 그게 어렵다는 것은 앞서도 지적했다. 결국 수많은 이율배반과, 윤리적 역설, 모순, 갈등, 긴장 속에 있는 것이 정치이고, 어떤 철학자나 이론가도 현실의 정치 문제에 대해 해결책을 만들 수 없다는 점에서, 다른 누구도 아닌 정치가 스스로가 의지와 신념, 책임성을 갖고 실천적으로 상황을 개척해 가야 하는 것이다.

(6)   버락.오바마를 재선에 도전하는 민주당 대통령 후보로 선출한 2012년 미국 민주당 전당대회에서 미셸 오바마는 찬조 연설을 했다. 그 연설 내용은 여러모로 공감을 불러일으켰는데, 그 가운데 필자가 큰 인상을 받았던 대목이 있다. 대충 옮기면 이렇다. 남편인 대통령의 책상 위에는 해결할 수 없는 난제들로 가득하다. 세상 그 어떤 통계자료나 모든 분야의 최고 전문가들의 판단을 모아도 옳은 결정이 무엇인지는 알 수 없다. 그럼에도 최종적으로 결정은 내려질 수밖에 없는데, 그때 대통령으로서 그의 결정을 이끄는 최종적 힘은 "그가 간직해 온 가치(value)와 비전(vision) 그리고 지금의 그를 있게 만든 삶의 경험(life experiences)"이다. 연설을 들으면서, 정말로 맞는 말이라는 생각을 했다. 실제로 연설 내내 청중들은 이런 정치관을 갖고 있는 미셸과 완전하게 교감했다. 다음 날 빌 클린턴가 찬조 연설을 시작하면서, 차기 민주당 대선 후보로 점찍어 둔 사람에 대한 생각을 어젯밤 바꿨다는 말을 꺼냈다. 그러면서 자신은 "미셸과 결혼할 정도로 훌륭한 감각을 가진 사람이기에 오바마를 대통령

후보로 지지한다."라고 말해 청중의 환호를 받았다. 2012년 민주당 전당대회의 주인공은 단연 미셸 오바마였다.

    (7)   '가치 내지 가치관'은 수많은 선택 혹은 갈등적 요소 가운데서 중요한 것과 그렇지 않은 것을 구분하게 해주는 기준이라고 할 수 있다. '비전'은 사물의 본질을 더 깊이 이해하면서 '어떤 미래인가'를 투사해 보게 하는 시선 내지 각도라고 할 수 있다. '삶의 경험'은 지금의 우리를 있게 만든 원천일 텐데, 그 때문에 특정 집단이나 공동체 구성원들이 기억하고 공유하는 감각을 만들게 해준다. 정치적 결정이든 정책적 결정이든 이런 가치 기준과 미래 비전, 공유 감각을 불러일으키지 못한다면, 그것은 결국 생기 없는 모조품에 불과하게 된다. 수많은 통계자료나 전문적인 의견을 모으는 것은 중요하나, 그것이 정치의 본질도 아니고 또 그것만으로 결정을 내릴 수 없는 게 정치라는 것을 미셸 오바마는 멋지게 표현했다. 2005년 상원의원 시절 오바마도 이렇게 말한 적이 있다. "워싱턴에 와서 알게 된 것은, 의원들이 제도나 법률 지식은 해박하나 정치의 본질에 대해서는 별 생각을 하지 않는다는 거다. 그게 놀라웠다." 정치, 그 본질과 힘의 원천을 이해하는 것이 얼마나 중요한가를 2년 후의 오바마는 대통령 선거를 통해 입증해 보였다. 정치가로서 당신은 어떤 가치를 소중히 생각하는가? 그런 가치를 실현하기 위해 당신은 우리에게 어떤 비전을 말하는가? 그러한 가치와 비전은 그간 당신이 살아온 삶과 얼마나 상응하는 것인가? 이러한 질문에 대답할 수 없다면, 정치가로서 시민의 신뢰를 얻기는 어려울 것이다. 그런 정치가가 지금 우리 주변에서 만들어지고 있는 것일까? 어느 날

언론에서 갑자기 신기루처럼 등장하는 것보다는 우리 가까이에서
늘 보고 만지고 경험했던 사람 가운데 시민의 대표이자 정치를
책임질 정치가가 나올 수 있는 환경이 되어야 민주사회가 아닐까
한다. 당신에게는 그런 신뢰할 만한 정치가가 있는가? 지금은 없지만,
미래의 정치가가 될 수 있는 예비 정치가들이 당신 주변에서 성장하고
있는가? 이에 긍정적으로 대답할 수 없다면 민주주의 내지 시민 권력
이라는 말은 껍데기에 불과하다. 좋은 정치가를 길러 낼 수 없는
민주주의는 불행하다.

4   민중성과 리더십

(1)   정치에 대해서는 누구나가 다 전문가다. 가끔 이런 생각을
하며 혼자 웃을 때가 있다. '민주주의가 갖는 최소한의 효용이 있다면
이런 것 아닐까? 시민들이 자기와 비슷한 사람 뽑아 놓고 신나게
욕할 수 있는 자유를 향유하는 것!' 가까운 사람들과의 모임에서
정치 이야기가 나오면 어떤 일이 벌어지는지 다들 경험이 있어 알
것이다. 다들 수준급 정치 해설가들이다. 그런 대화에 정치학자가
낀다고 해서 특별히 더 인정받는 것도 아니다. 의학이나 물리학 등
다른 분야에서처럼, 정치학자나 정치 전문가가 사람들 속에서 일방적
권위를 발휘한다? 어려운 일이다. 모두가 의견이 있고, 각자 판단과
주장 또한 강하다. 때로 선거 결과를 분석하면서 느끼는 일이지만,
정치적 문제에 있어서 전문가들보다 대중의 집합적 판단과 행위가
훨씬 합리적이고 현명할 때도 많다.

(2)   그러나 대중의 집합적 열정은 그야말로 변덕스러운 면이 있다. 모두가 정치를 말하고 모두가 정치를 욕할 수 있다는 것은 그만큼 정치가 민중적인 세계라는 뜻인데, 그것이 만들어 내는 비합리적인 흐름 내지 바람은 한 개인을 한순간 영웅으로 만들 수도, 반대로 처참하게 만들 수도 있다. 이런 포퓰리즘과 데마고그적 현상이야말로 민주정치가 숙명적으로 안고 있는 역동성의 원천이자 동시에 위험한 운명의 발원지가 아닐 수 없다. 대표적인 사례로 민주주의에 의해 희생된 페리클레스의 아들을 들 수 있다. 안타깝게도 페리클레스는 생전에 자기 자식을 모두 잃었다. 그래서 양아들을 두어 자신처럼 장군으로 키웠다. 잘 알다시피 페리클레스는 아테네 민주주의의 전성기를 대표하는 지도자였다. 그 뒤 아테네 민주주의가 쇠퇴하면서 그의 양아들은 아버지처럼 선출된 전쟁 지도자였으나 민회에서의 거짓 선동에 휘둘린 대중들에 의해 다른 장군 5명과 함께 사형에 처해지고 말았다. 그 결과 아테네는 펠로폰네소스 전쟁에서 스파르타에 패하고, 민주정도 붕괴되는 비극을 경험해야 했다. 『플루타르크 영웅전』이라는 책이 있다. 그리스의 철학자이며 전기학자인 플루타르크가 그리스와 로마의 수많은 영웅들의 생애를 다룬 책이다. 한마디로 말해 대중들이 추종했던 영웅이자 지도자들에 대한 이야기라고 할 수 있는데, 그들 대부분이 결국에 가서는 매우 비극적으로 삶을 마치는 것을 볼 수 있다. 대중에게 버림받는 정치가의 사례는 비일비재하다.

(3)   대중의 문제를 어떻게 다루느냐 하는 것은 정치에서 가장

어려운 주제로, 수많은 정치철학자들이 이 문제에 대해 말했지만 안정된 이론이나 처방을 내놓은 사람은 없었다. 대중을 시민으로 바꿔도 크게 다르지 않다. '좋은 정치가 좋은 시민을 만드는가, 아니면 좋은 시민이 좋은 정치를 만드는가?'라는, 플라톤 이래의 오랜 질문에 대해 정치철학의 대답은 한결같다. 즉 아리스토텔레스가 강조했듯, 정치는 좀 더 나은 시민적 삶을 위한 것이다. 좋은 정치란 좋은 시민을 만드는 데 그 목적이 있다는 뜻이기도 하다. 이런 생각은 2천 년 뒤 존 스튜어트 밀*에 의해서도 거의 완벽하게 공명되었는데, 밀은 이렇게 말했다.

> 어떤 통치 형태든 뛰어난 것이 되기 위해 가장 중요한 점은,
> 그것이 구성원 자신들의 덕성과 지성을 증진시키는 데 있다.

정치의 역할 없이도 시민으로서의 안전한 삶이 가능하다면 얼마나 좋겠냐마는, 그럴 경우 '만인의 만인에 대한 내전 상태'가 불가피하다는 토머스 홉스의 주장을 무시할 수 없는 게 인간의 현실이기도 하다. 그렇기에 루소는 마키아벨리를 칭송하며, 좋은 시민성은 좋은 정치의 산물이고 사나운 시민성은 잘못된 통치의 결과라고 단언할 수 있었다. 막스 베버 역시 정치가가 감수해야 할 윤리를 설명하며, 어떤 경우든 시민에게 정치의 책임을 전가할 수는 없다는 점을 분명히 했다.

존 스튜어트 밀
(John Stuart Mill, 1806~1873)
영국의 철학자이자 정치경제학자로서,
『논리학체계』, 『정치경제학원리』,
『대의정부론』, 『자유론』 등 방대한 저술을
남겼다. ① 경험주의 인식론, ② 공리주의
윤리학, ③ 자유주의적 정치경제학을
바탕으로 현실 정치에도 적극적으로 참여해
하원의원을 지내기도 했다. 무엇보다도
밀은 영재 교육을 받은 것으로 유명하다.
스코틀랜드 출신의 영국 철학자이자
역사학자인 제임스 밀의 아들로 태어나,
또래 아이들과 어울릴 수 없었을 만큼
엄격한 교육을 받았다. 아버지 밀은 자신과
제러미 벤담의 공리주의적 교리와 실천을
이어 갈 후계자로서 아들 밀을 천재적인
지식인으로 키우려 했다. 열 살 이전에
그리스어와 라틴어로 된 고전들을 섭렵했고
십 대 초반에는 스콜라철학, 리카도와
애덤 스미스의 정치경제학을 익혔다. 청년
시절에는 친구들과 공리주의 협회를 만들어
활동했고 아버지를 따라 동인도회사에서
근무하면서 연구와 저술 활동에 전념했다.
밀은 의견과 사상을 표현하는 자유를 옹호한
것으로도 유명하다. 어떤 경우든 표현하는
내용에는 제한이 없어야 한다는 점을 그보다
더 강조한 사람은 없었다. 다만 그가 제한할
수 있다고 본 것은 표현하는 방식이 타인을
위해하지 않아야 한다는 것뿐이다. 그의
정치경제학 역시 분배의 자유를 뒷받침하는
논리로 이루어져 있으며 대의민주주의를
최선의 정치체제라고도 주장했다. 현대
자유주의와 민주주의의 결합을 이론적으로
옹호한 사실상 최초의 철학자라고 평가할
수 있다.

이에 반해 정치 지도자, 즉 지도적 역할을 하는 정치가의
명예는 자신의 행위에 대해 전적으로 스스로 책임을 진다는
것에 기초하고 있다. 그는 이 자기 책임을 거부할 수도,
다른 사람에게 전가할 수도 없으며 또 해서도 안 된다.

물론 그럼에도 불구하고 이것으로 충분한 답이 되는 것은 아니다.
좋은 정치로의 전환을 위해 시민이 해야 할 역할이 존재함을 부정할
수는 없는 일이기 때문이다. 책임을 강요할 수는 없어도, 시민의
민주적 역할과 그 중요성을 경시할 수는 없을 것이다. 다만 굳이
덧붙이자면, 그런 시민의 역할 역시 정치와 무관하게 이루어질 수는
없다는 사실만큼은 분명하다. 사회는 여러 정당들을 서로 나눠서
지지하는 시민들, 특정 쟁점에 대해 서로 의견을 달리하는 시민들로
이루어져 있다. 그런데도 정치로부터 중립적인 어떤 무중력 지대 같은
시민의 세계가 있는 듯 말하는 사람을 가끔 본다. 그들의 주장은
정당이나 직업 정치가들을 우회해 그런 시민들이 직접 참여하는
'시민정치', '민관협치' 같은 것으로 나타나곤 한다. 글쎄, 필자가
아는 한 그런 주장은 민주주의 이론과 별 관계가 없다. 설령 좋은
뜻으로 정치가를 대신해서 시민이 직접 정치를 한다 쳐도, 그렇게
해서 들어오게 된 시민은 대체 누구인가? 누가 참여하고 그런
참여자가 나머지 시민을 대변할 권리는 어떻게 정당화될 수 있나?
아무리 생각해 봐도 필자의 눈에 그런 주장을 앞세우는 사람들은
주류 언론에서 말하는 '반정치 이데올로기'를 이용해 정치적 목적을
추구하는 '시민 장사꾼'이거나 아니면 그런 정치적 의도를 숨겨 말하는

능력을 가졌다는 점에서—그래서 그 또한 지독히 정치적인—'위선적 정치 활동가'로밖에 보이지 않는다. 시민 대중을 비정치적이고 순수한 존재로 만들어서 세상이 좋아진다면 누가 뭐라 하겠냐마는, 그건 허망하면서 또 위험한 선동이지 현실에서는 그 어떤 유익함도 갖지 않는다. 민주주의는 정치적 시민 혹은 정치적으로 지지하는 정당이 다른 시민들에 기초를 둔 정치체제라는 사실을 부정할 수는 없다.

(4)   대중적인 것 내지 민중적인 것의 이율배반성 문제를 리더십의 차원에서 봐도 동일하다. 통념과는 달리, 정치가 가운데 축재한 사람은 생각보다 많지 않다. 오히려 가족과 주변에 고통을 남긴 사람은 많다. 대표적인 사례로서 "사쿠라당" 혹은 "밤에는 여당 낮에만 야당" 소리를 듣게 한 유진산의 사례를 들고 싶다. 그는 1960년대를 대표하는 정치가로, '40대기수론'을 내건 김대중과 김영삼이 화려하게 부상할 때까지 야당 지도자 역할을 하다가 1970년대 초에 사망했다. 송남헌 선생이라는 분이 있다. 그는 김규식의 비서로 좌우합작에 참여했고 그 이후에는 재야 근현대사 연구자로 살았다. 그분으로부터 오래전에 이런 이야기를 들은 적이 있다. 유진산이 죽고 난 뒤, 평소 그를 비판했던 젊은 정치인들이 그래도 그의 미망인을 위로할 겸 남은 가족들이 어찌 사는지 궁금하기도 해서 집을 찾아간 적이 있었다고 한다. 그의 집은 끝이 없이 올라가야 하는 달동네에 있었다고 한다. 마침 그날 이사를 하고 있었는데, 짐이라는 게 고작 리어카 한 대 분량이 안 되었단다. 타협적인 정치 지도자로서 세간에 알려진 편견 내지 이미지와는 달리 그가 가족들에게 남긴 것은

가난이었다. 꼭 가난이 아니더라도 대중 정치에 나선 결과로 만나게 된 비극은 수도 없이 많다. 거의 모두 사법 처리 대상이 되거나 비극적인 죽음을 맞이했던 우리나라 대통령들의 사례는 정치가 얼마나 사나운 동네인가를 잘 말해 준다. 김우중과 정주영 등 재벌들의 정치 참여도 가족들의 입장에서 볼 때는 참담한 일이었다. 돈을 벌고 안온한 삶을 살고자 한다면, 확실히 정치가의 길은 아닌 것 같다.

(5)   정치가의 길은 권력감을 향유하거나 남들 앞에 나서는 것에서 삶의 보람을 느끼는 직업이라고 할 수 있다. 돈이 생기면 가족이 생각나는 그런 종류의 사람들이 아니라, 지지자나 자기를 알아주는 이들을 찾아가는 욕구를 가진 사람들이다. 가족이 아니라 나를 알아봐 주는 사람들 앞에 서고자 하는 열망, 그것 없이 정치는 어렵다. 그래서 늘 영웅심과 허영심이라는 두 심리적 요소가 작용한다. 영웅심은 분명 리더십이 갖지 않으면 안 되는 요소이자 공동체에 대한 헌신을 집약하는 개념이다. 그러나 영웅심의 다른 면은 자신을 과시하고자 하는 허영심이다. 공익적 영웅심과 그것이 동반하는 공허한 허영심, 아무리 생각해도 이에 대해 어떻게 생각하고 말해야 할지 참으로 어려운 문제가 아닐 수 없다. 그래서 베버는, 정치가라면 자기 스스로를 들여다보고 객관화할 수 있도록 '내면의 힘'을 튼튼히 해야 한다는 점을 강조하고 또 강조했다. 잘난 척하고 싶어 하는 정치학자의 허영심도 지켜보기 괴로운 일이지만 그건 크게 유해하지 않은 일종의 '귀여운 직업병'인 반면, 정치가의 허영심은 사회적으로 재난적 결과를 낳을 수 있는 위험한 죄악이기 때문이란다. 하지만

베버도 허영심이라는 정치적 죄악을 어떻게 막을 수 있는지에 대해 특별히 더 말한 것은 없다. 그것 이상 달리 말할 수 있는 게 없다는 것, 어쩌면 그래서 정치가 개개인이 가진 '개성적 힘'이 중요한 것인지 모른다. 정치가 스스로 내면의 단단함과 외면적 실력을 갖추는 것, 아무리 생각해도 논리적으로 말할 수 있는 최대치는 거기까지가 아닌가 싶다.

(6) 늘 강조하는 것이지만 '리더십 없는 민주주의'는 존재할 수 없다. 정치는 곧 공동체를 '이끄는'(lead) 문제에 대한 것이다. 민주주의에서도 리더십은 민중적인 것의 다른 얼굴이며, 리더십의 역할이 약해지면 대중 권력이 강해지는 것이 아니라 도당과 관료제, 엘리트의 영향력이 커진다. 이것이야말로 정치학의 기초 이론이 아닐 수 없다. 인민주권이든, 다수 지배든, 민중 통치든, 시민 권력이든 그 무엇을 말한다 해도, 그것은 원리를 말하는 것일 뿐, 인민도 다수도 민중도 시민도 스스로 통치하고 지배할 수 있는 동질적 존재가 아니다. 현실에서 민중의 통치라는 원리를 실현하는 것은 그들의 대표이고 리더십이고 조직이다. 그렇기에 정치를 직업이자 소명으로 삼는 사람들은 다수의 의지를 조직하려는 민주적 대표로서 분명한 역할을 갖는다. 이 점을 경시할 수는 없다고 본다. "난 위로부터의 시각은 싫고 아래로부터의 관점을 중시한다."거나 "난 모든 권력과 통치, 지배를 부정한다."거나 하는 등을 과시하듯 말하는 사람을 가끔 만난다. 잘 생각해 보면 그것은 조직과 리더십을 싫어하는 중산층의 계층적 심리에 갇혀 자족하는 일일 때가 많다.

민중성과 리더십이라는 가장 원초적인 정치적 주제를 책임 있게
이해하는 것은 정말 중요한 일이다. 리더십, 권력, 통치, 권위,
조직 등등, 이 모든 것이 인간의 정치가 안고 씨름할 수밖에 없는
질료들이다. 따라서 우리가 가져야 할 윤리가 있다면, 그런 질료를 잘
다루고 선용할 실력을 갖춰 민중적인 가치를 실천하는 것에 있다고
할 것이다. 민주주의에서 정치가는 민중적인 것의 가치를 정치의
방법으로 실천하는 대중 지도자다!

5 현실적 이상주의 혹은 이상적 현실주의

(1) 공동체에 대한 이상을 갖지 않는 정치는 있을 수 없다.
그것이 없다면 아무도 감동시킬 수 없을 것이다. 그러나 이상주의적
태도나 도덕주의적 정치를 앞세우면 역설적이게도 공동체를 위기에
빠뜨리기 쉽다. 인간의 역사에는 그러한 사례들이 즐비하다.

(2) 5백 년 전 르네상스 시대 피렌체 공화정을 열었던 인물로
사보나롤라*가 있었다. 도미니크 교단의 수도사였던 그는 청렴과
숭고함으로 존경을 받았다. 동시에 피렌체의 부패와 사치 그리고 로마
교황청과 귀족의 탐욕과 부패를 섬뜩할 정도로 날카롭게 비판했던
타고난 선동 정치가였다. 오죽하면 미켈란젤로조차 "그의 강론을 듣는
동안 등줄기에서 식은땀이 흘렀다."고 했을까. 요즘 식으로 말하면
진정성의 회복 내지 도덕을 앞세운 진보파라고 할 수 있는데,

1494년에 메디치 가문의 통치가 프랑스 샤를 8세의 침략으로 몰락한 후 그는 4년간 피렌체를 통치했다. 일반 시민도 국정에 참여할 수 있게 했던 대평의회를 제도화해 공화정을 열었고, 부패와 사치를 근절하기 위한 개혁 정치를 주도했다. 문제는 그것이 일종의 도덕주의적 의식 개혁 운동의 형태로 추진되었다는 데 있었다. 새로운 예루살렘을 만들자며 사람들의 도덕적 기대치를 높인 것에 비해 실제 변화는 그에 미치지 못했다. 기대하는 데 지친 사람들은 더욱더 절망적으로 기적을 바라게 되었고 결국 그 기대가 실현될 수 없음을 깨닫자 점차 사보나롤라의 진정성은 의심받기 시작했다. 그러면서 귀족들과 교황, 교회의 음모와 탄압이 효과를 발휘하게 되었고, 사보나롤라는 결국 참다못한 대중에게 버림받아 화형에 처해지고 말았다.

(3) 16세기 초 급진적 종교개혁운동의 하나로 재세례파가 있었다. 당시 이들은 죄를 고백하고 신앙 안에서 다시 태어나겠다는 것을 진정으로 자각한 사람, 즉 일정 나이 이상의 성인에게만 구원의 세례를 주어야 한다고 주장하면서 유아 세례를 반대하고 나섰다. 그들 가운데 일부가 1534년에 독일 북부의 뮌스터 시정부를 장악해 새로운 천년왕국 수립을 실천할 기회를 가졌다. 많은 사람들이 뮌스터를 새로운 예루살렘으로 보고 대거 이주해 오기도 했다. 문제는 진심으로 죄를 고백해야 하고, 인간의 그 어떤 이기적 욕구도 배제해야 하고, 최고의 도덕적 기준에 따라 행동해야 한다는 생각으로 현실의 체제를 운영하려 했다는 데 있었다. 당연히 현실의 인간이 보일 수밖에 없는 한계는 모두 있어서는 안 될 육신의 지배이자 죄악이 되었고

지롤라모 사보나롤라 (Girolamo Savonarola, 1452~1498)

프란체스코 교단과 쌍벽을 이뤘던 도미니크 교단의 수도사로 일반 시민들의 세계를 돌며 강론을 했다. 정치사상사에서 그는 수많은 대중들을 사로잡을 만큼 강렬한 연설 능력을 가진 사람으로 평가한다. 게다가 교황과 귀족들을 유보 없이 비판했던 개혁가이기도 했다. 하지만 4년간 피렌체 공화국을 이끈 경험은 비극으로 끝났다. 그림에서 보듯, 대중에게 버림받고 또 귀족과 교황의 음모가 작동해 사형에 처해졌기 때문이다. 정치에서는 실패했으나 그의 신앙적 고결함은 인정받았다. 그래서 그가 죽은 후 그를 성자로 추앙하는 운동이 생겨났다. 교회와 성직자들의 부패를 강렬하게 비판했던 그의 사상은 유럽 전역으로 확산되어 종교개혁에도 영향을 주었으며, 공화정 지지자들 사이에서 재평가가 이루어지기도 했다.

사보나롤라의 화형식 장면

폭력으로라도 억제되어야 했다. 화폐도 폐지했고 어떠한 생산자 집단도 단체를 결성할 수 없었다. 재산 공유제가 강행되었고, 성서를 제외한 일체의 서적과 문서가 불태워졌다. 7500명 정도가 모여서 시작한 자치의 실험은 시간이 지나면서는 가장 폭력적인 공포정치로 발전했다. 신교와 가톨릭 모두가 이들을 이단으로 규정해 군대를 동원하자 뮌스터 시는 포위망 속에서 고립되었는데, 굶주림과 공포정치 속에서 내부 혼란은 극심해지고 폭력의 행사는 일상화되었다. 결국 1535년 6월 25일에 뮌스터 시는 무력으로 제압당했고, 거의 대부분의 사람들이 희생되는 비극으로 끝났다.

(4)   인간의 위대함과 함께 인간의 한계를 이해하는 기초 위에서 정치의 현실을 다루어야 한다. 공동체의 바람직한 모습을 구현할 이상과 실제의 인간 현실이 균형을 이루어야 한다. 그러나 어떻게 그럴 수 있는지에 대해서는 사전에 아무도 논리적으로 뚜렷한 처방이나 대안을 말할 수는 없다. 베버에 따르면 그런 정치의 세계에서 자신을 지킬 수 있는 것은 "삶의 현실을 있는 그대로 들여다볼 수 있는 단련된 실력, 그런 삶의 현실을 견뎌 낼 수 있는 단련된 실력, 그것을 내적으로 감당해 낼 수 있는 단련된 실력"뿐이다. 어쩌면 정치가 갖는 수많은 윤리적 역설과 이율배반성은 선하게만 살 수 없는 인간의 운명적 한계에서 비롯된 것인지 모른다. 이를 부정할 수는 없다. 다시 강조하건대, 인간은 천사가 아니고 천사에게 정치를 맡길 수도 없다. 시민을 모두 아리스토텔레스로 만들거나 철학 세미나 하듯이 정치를 운영할 수도 없다.

(5)　　정치가 혹은 정치적 실천에 나선 사람들이라면 인간의
정치가 갖고 있는 이런 조건을 이해할 수 있어야 한다. 그래야 차이와
갈등 속에서도 서로 협력할 수 있는 현실적 방법을 찾을 수 있고,
허황된 기대 때문에 쉽게 좌절하고 냉소하고 방치하는 일을 줄일
수 있다. 누가 더 진보적이고 누가 더 민중적이고 누가 더 고생했고
누가 더 착하고 누가 더 진정한지에 대한 것으로 시간과 열정을 다
소진하지 않고, 누가 더 정치적이고 권력을 선용할 만큼 담대하고
결국 성취를 이룰 수 있는 능력을 갖췄는가에 대한 생각도 어느 정도
균형을 이루어야 한다고 본다. 한마디로 말해 그것은 현실적 이상주의
혹은 이상적 현실주의라고 부를 만한 길이라고 할 수 있겠다. 정치적
문제를 가지고 실험하는 일은 너무 위험하다. 그렇기에 비록 화끈함은
부족할지 모르나, 점진적인 변화를 추구하는 것이 필요하다. 급진적
주장을 말하며 자신의 선한 의도를 최대로 드러내는 일로 끝내는
것은, 정치에서 반드시 피해야 할 일이다. 그건 현실을 실제로
변화시키는 데 필요한 노력을 경시하는 게으른 자의 정치일 때가 많다.
현실을 진짜로 바꾸려는 사람은 현실이 어떻게 이루어져 있고 어떻게
작동하는지를 이해하고 변화가 어떻게 가능한지를 준비하는 사람이다.
비록 화려한 주장이나 공격적인 말을 앞세우지 않을지 모르나, 그런
정치가가 진짜 변화를 이끌어 가면서 많은 사람들의 신뢰와 믿음을
지켜 갈 수 있다.

6   정치, 위험한 구원의 길

(1)   인간은 피조물이다. 아무도 스스로 원해서 태어나지 않았고 누구든 병들고 죽을 수밖에 없는 '비극적 운명'의 존재다. 그래서 공허한 삶이 되지 않도록 신념을 갖는 것이 중요하다. 정치에서 신념은 더욱더 중요하다. 그것이야말로 허영심 내지 핏기 없는 권력 본능으로부터 자신을 지킬 수 있는 내면의 힘이기 때문이다.

(2)   물론 신념이 중요하다고 해서 근본주의자가 되면 안 된다. 정치를 통해 인간의 문제를 모두 해결할 수는 없다. 정치를 통해 인간을 근본적으로 바꾸려고 했던 실험은 늘 엄청난 비극을 동반했음을 기억해야 한다. 우수한 인종만으로 독일 민족을 만들려 했던 나치의 우생학, 엄청난 규모의 죽음을 낳은 스탈린의 농업집단화, 중국 사회주의를 광기로 몰아 간 문화혁명, 기회주의를 없애겠다던 크메르루주의 대학살, 그 밖에 많은 공산주의 국가들에서의 인간 교화 프로그램 내지 사회개조론이 가져온 문제를 생각해야 한다.

(3)   정치는 그야말로 사납고 위험한 분야가 아닐 수 없다. 감당할 수 없는 윤리적 딜레마로 둘러싸여 있다. 그러나 독일 시인 횔덜린(Friedrich Hölderlin, 1770~1843)이 「파트모스」(Patmos)라는 시에서 말하듯, 위험을 감수하지 않고 얻을 수 있는 구원은 없을지 모른다.

가까이 있지만, 파악하기 어려운 것이 신이다. 그렇지만
위험이 있는 곳에서, 구원의 힘 또한 자란다.
Nah ist, Und schwer zu fassen der Gott. Wo aber Gefahr ist,
wächst Das Rettende auch. ;Near is, And difficult to grasp,
the God. But where danger threatens That which saves from
also grows.

어쩌면 인간의 사회에서 위대한 성취를 낳는 모든 일이란, 다 그런
위험한 도전 속에서 실현된다고 할 수 있다. 결국 우리가 말할 수 있는
정치의 시작과 끝은 바로 이 지점이 아닐 수 없다.

(4)　　객관적 자질과 책임 의식을 갖추는 문제도 중요하다. 실존적
차원의 고민과 결단도 중요하다. 그 사이에서 누구도 대신해 주기
어려운 결정을 스스로 감당해야 하는 정치가의 길, 그 속에서 빛나는
인간 정신을 어떻게 고양할 수 있을지에 대한 '영원한 질문' 앞에
우리는 서 있다.

(5)　　우리가 기대하는 정치가는 누구인가? 인간의 삶은
불확실하고 알 수 없는 결과 앞에서 늘 흔들린다. 확실한 해결책 내지
강한 주장을 앞세우며 삶을 기만하는 사람이 아니라, 불완전하지만
믿을 수 있는 변화를 이야기하는 사람이 시민을 이끌어야 할 것이다.
'인생이란 모든 것이 막혀 있다고 여겨지는 순간에도 늘 새로운
가능성을 예비해 놓고 있다!'고 믿는 점진적이고 실천적인 가능주의자

(possibilist)만이 민주주의에서 시민을 이끌 수 있다.

(6)　민주주의의 이상은 정치 없는 세상이 아니라 정치가와
정당이 공공재의 역할을 하는 사회에 있다는 점을 깊이 생각했으면
한다. 누구나 정치가가 될 수 있는 것은 아니지만, 좋은 정치가를
만들고 지지하면서 민주 시민으로서의 보람 있는 삶을 함께 살 수는
있다. 늘 강조하는 일이지만, '시민과 정치가가 협력하는 체제,' 이게
우리가 가꿔 나갈 민주주의고, 거기서 선한 효과를 만들어 낼 수
있어야 민주주의다.

(7)　정치가를 우습게 알면서 조롱하고 야유하는 반(反)정치주의
와의 싸움에서 패배하면 민주주의는 길을 잃고 만다. 우리가 바라는
것은, 부디 좀 더 인간적이고 좀 더 실천적인 이성을 갖춘 정치가들이
늘어나 "정치는 누가 어떻게 하는가?"라는 질문에 대한 멋진 답을
실제 성과로 보여 주었으면 하는 것이다. 그게 인간의 정치에 대해
우리가 기대할 수 있는 현실적인 한계라는 점, 이를 인정하면
현실 정치에 대해서도 좀 더 제대로 비판하고 또 제대로 지지하고
격려하면서 동참할 수 있지 않을까 생각한다.

• • •

(1)　이제 책을 마칠 때다. 먼저 지금까지의 이야기를 간단히
돌아보자.

(2) 우선 첫 장에서는 '목적 있는 삶을 추구하는 일과 정치는 어떤 관계를 가질 수 있을까?'에 대한 주제를 다뤘다. 선한 삶, 구원받는 삶을 위해서도 정치의 문제는 인간의 문제만큼이나 깊이 이해되어야 한다는 필자의 생각을 말했는데, 수긍할 만한 것이었는지 궁금하다.

(3) 이어서 둘째 장에서는 '우리 개개인의 삶과 정치는 얼마나 가깝게 관련되어 있는가?'를 살펴봤다. "정치가 나랑 무슨 관계가 있다고 그래?"라고 여겨 왔던 사람들에게, 그게 그렇게만 생각할 일이 아닐뿐더러 "정치가 좋아지는 게 우리의 개인적인 삶을 위해서도 정말 중요하구나." 하는 작은 인식의 변화가 있었으면 좋겠다.

(4) 셋째 장에서는 민주주의는 왜 정치의 역할을 중심으로 삼는 체제인가에 대해 살펴봤다. 흔히 민주주의를 말하면서 정치가 아닌, 사회 속 시민의 참여만을 강조하거나 통치라는 단어조차 민주주의에 반하는 것으로 여기는 사람도 많은데, 그보다는 정치와 통치의 역할이 왜 불가피할 뿐 아니라 그 역할이 좀 더 긍정적이고 적극적으로 살아나야 질 높은 민주주의가 가능한지에 대한 균형 있는 접근의 계기가 되었으면 한다.

(5) 마지막으로 넷째 장에서는 '민주주의에서 정치를 직업이자 소명으로 삼는 사람들의 역할과 과업은 무엇이고 그럴 때 그들이 감당해야 할 도전에는 어떤 것들이 있는가?'라는 주제를 다뤘다.

정치가를 '특권이나 누리고 권세나 부리는 도둑놈들'로 여겨 왔다면 그게 왜 사실과 다른가를 이해했으면 한다. 또한 정치가에 대한 그런 야유나 비난이 자칫 정치를 부정하는 '반민주적 이데올로기'가 될 수도 있다는 점을 생각해 볼 기회가 되었으면 한다.

(6)　　정치라는 인간 활동이 어떤 특징을 갖는가에 대해서는 2011년에 출간된 필자의 다른 책 『정치의 발견』에서도 다룬 바 있다. 다만 그 책은 정치가의 길에 나서려는 사람을 대상으로 썼다. 『정치의 발견』을 읽은 많은 사람들은 "정치가만이 아닌 일반 시민이 읽을 수 있는 정치 교양서를 이어서 쓰면 좋겠다."는 말을 해 주었는데, 이제야 그런 요구에 부응할 수 있게 되었다. 그간 필자에게 이런저런 질문을 제기해 주고 약간씩 다른 서로의 관점을 두고 풍부한 대화를 이어 준 모든 분들께 감사하며, 필자가 준비한 이야기를 여기서 마친다. 신의 가호가 있기를!

출처

글

아베 피에르, 『이웃의 가난은 나의 수치입니다』, 김주경 옮김, 2004, 우물이있는집.

Declaration of Independence
@The U. S. National Archives and Records Administration

C. S. 루이스, 『순전한 기독교』, 이종태 · 장경철 옮김, 2001, 홍성사.

폴커 레징, 『그리스도인 앙겔라 메르켈』, 조용석 옮김, 2010, 한들출판사

Thronton Wilder, *Theophilus North*, 1973.

그림

아베 피에르
ⓒWim van Rossem/Anefo(1955)
@Nationaal Archief

막스 베버, 『소명으로서의 정치』
@Wikimedia Commons

아브라함 카이퍼
@Wikimedia Commons

존 트럼불(John Trumbull),
〈독립 선언〉 연작의 일부(1795)
@Wikimedia Commons

라파엘로(Raffaello Sanzio),
〈아테네 학당〉(1509~1511)
@Wikimedia Commons

시몬 베이유
@Wikimedia Commons

카라바조(Caravaggio),
〈성 마테오의 소명〉(1599~1600)
@Wikimedia Commons

앙겔라 메르켈
ⓒArimin Linnartz(2010. 7)
(http://www.cducsu.de)

미합중국 문장
ⓒ2016 The Government of the United States by GNUF
@Wikimedia Commons

터너(J. M. W. Turner),
〈노예선〉(*The Slave Ship* 1840)
@Wikimedia Commons

프란체스코 아예츠(Francesco Hayes),
〈아리스토텔레스〉(1811)

미하일 네스테로프(Mikhail Nesterov),
〈은둔자〉(*The Hermit* 1889)

보티첼리(Sandro Botticelli),
〈중상을 당한 아펠레스〉
(*The Calumny of Apelles* 1496?~1497?)

손톤 와일더
©Carl Van Vechten(1948.8.14)

토머스 홉스, 「리바이어던」
@Wikimedia Commons

존 밴덜린(John Vanderlyn),
제임스 매디슨 초상화(1816)
White House History Association의
White House Collection 중 일부
(http://whitehousehistory.org)

몽테스키외, 「법의 정신」
@Wikimedia Commons

존 로크
@Wikimedia Commons

루소
@Wikimedia Commons

위르겐 하버마스
©Wolfram Huke(2008. 1. 15)
(http://wolframhuke.de)

차티스트운동 당시 신문 보도
@Wikimedia Commons

플라톤, 「국가론」
@Wikimedia Commons

타데우즈 쿤츠(Tadeusz Kuntze),
〈운명의 포르투나〉
(*Allegoriede Fortuna* 1754)
@Wikimedia Commons

존 스튜어트 밀
@Wikimedia Commons

사보나롤라
작자 미상(1498)
@Wikimedia Commons

정치가 우리를 구원할 수 있을까
-시민을 위한 정치 이야기

펴낸 날 2017년 4월 24일
지은이 박상훈
펴낸이 주일우
편집 김우영

표지디자인 이재영
인쇄 삼성인쇄

펴낸곳 이음
등록번호 제2005-000137호
등록일자 2005년 6월 27일
주소 04031 서울 마포구 월드컵북로1길 52 3층
전화 (02)3141.6126
팩스 (02)6455.4207
전자우편 editor@eumbooks.com
홈페이지 www.eumbooks.com
ISBN 978-89-93166-76-7 03340
값 10,000원

이 도서는 한국출판문화산업진흥원의 출판콘텐츠 창작자금을
지원받아 제작되었습니다.

이 도서의 국립중앙도서관 출판예정도서목록(CIP)은
서지정보유통지원시스템 홈페이지(http://seoji.nl.go.kr)와
국가자료공동목록시스템(http://www.nl.go.kr/kolisnet)에서
이용하실 수 있습니다.(CIP제어번호: CIP2017009097)